普 天 之 下 ・ 盡 是 好 書
普天出版家族
Popular Press Family
凌雲文創
A-Plus Creative Company

改變心境，就能改變環境

全——集

Changing your mind can change everything

把逆境變成順
心境調

黛恩 著

Changing your mind

Chan

泰倫底馬斯說：「你可能做不到你想做到的一切，但是，你絕對可以做到你希望做到的一切。」
我們經常會為自己做不到的事情找藉口，但是與其為這些無法改變的事實鑽牛角尖，還不如改變自己的心境，把一切的不如意，當成是老天給自己的禮物，才能為自己所面臨的困境找到出口。

迪斯雷利曾經說過：「人類難以控制環境，然而，卻能掌控自己的心境。」
的確，我們身處什麼樣的環境，並非可以由我們決定和掌握，但是，只要願意，絕對可以藉由改變自己的心境，來改變無法改變的環境。

出・版・序

沒有人會帶你去釣魚

僅僅空有願望不足以獲得勝利，要立刻行動，唯有靠自己才能開發那片屬於自己的沃土——自我無窮的潛能。

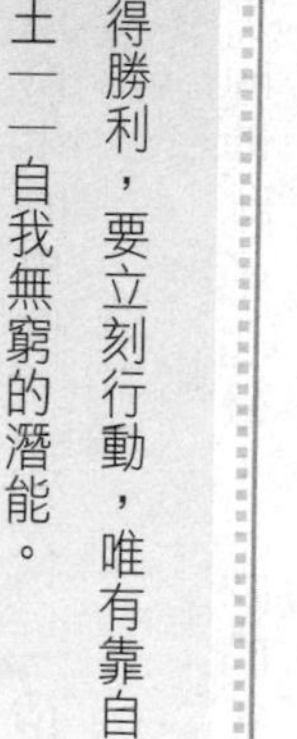

・黛恩

泰倫底馬斯曾說：「你可能做不到你想做到的一切，但是，你絕對可以做到你希望做到的一切。」

我們經常會爲自己做不到的事情找藉口，例如，埋怨景氣太差，或是抱怨懷才不遇。但是，與其爲這些無法改變的事實鑽牛角尖，還不如改變自己的心境，把一切的不如意，當成是老天給自己的禮物，如此，才能爲自己面臨的困境找到出口。

依靠別人才能達成的願望，其實只是空中樓閣，因爲你將主控權完全交給了別人，自己只能默默地承受結果。

正如歌德所言：「我們雖可以靠父母和親友的庇護而成長，倚賴兄弟和藉朋友交遊的扶助，因愛人而得到幸福，但是無論怎樣，歸根結底，人類還是得依賴自己。」

潛能激勵專家魏特利九歲時隨父親旅居在聖地牙哥附近，當地有一個陸軍防空砲兵團，駐紮的士兵竟和他成了好友。

他們偶爾會送魏特利一些軍中紀念品，像陸軍偽裝鋼盔、槍帶及軍用水壺，魏特利則以糖果、雜誌，或邀請他們來家中吃便飯作為回贈。

魏特利永難忘懷那一天所發生的事情。那天，一位士兵朋友說：「星期天早上五點，我帶你到船上釣魚。」

魏特利聽了雀躍不已，高興地跳了起來：「哇哈！我早就想去了。我雖然在橋上、防波堤上、岩石上釣過魚，但是從來沒有真正靠近過一艘船，哇，能夠眼看著一艘艘船開往海中，真令人羨慕！我早就夢想，有一天我能在船上釣魚，真是太感謝你了！我要告訴我媽媽，下星期六請你過來吃晚飯。」

星期六晚上，魏特利興奮得睡不著覺，還穿好衣服、鞋子躺在床上，只是爲了確保第二天一早不會遲到。整個晚上，他都幻想著海中的石斑魚和梭魚，在天花板上游來游去。

清晨三點，他爬出臥房窗口，備好魚具箱，另外還帶了備用的魚鉤及魚線，將竿子上的軸心上好油，又帶了兩分花生醬和果醬三明治。

四點整，魏特利就準備好要出發。釣竿、魚具箱、午餐及滿腔熱情，一切就緒地坐在家門口，摸黑等待著士兵朋友出現。

「但是，他失約了。那可能是我一生中，學會要自立自強的關鍵時刻。」魏特利平靜地說。

他並沒有因此對人的眞誠產生懷疑或自憐自艾，也沒有爬回床上生悶氣或懊惱不已，或向母親、兄弟妹妹及朋友訴苦。

相反的，他跑到附近的釣具店，花光平時幫人除草所賺的錢，買了那艘心儀已久的單人橡膠救生艇。

近午時分，他將橡皮艇吹滿氣，把它頂在頭上，裡面放著釣魚的用具，活像個原始狩獵隊。

他搖著槳，滑入水中，假裝在啓動一艘豪華大郵輪。他釣到一些魚，享受了自己的三明治，用軍用水壺喝了些果汁，彷彿這是自己一生中最美妙的日子之一。「那眞是生命中的一大高潮。」魏特利經常回憶那天的光景，沉思所學到的經驗：「首先學到的是，只要魚兒上鉤，世上便沒有任何値得煩心的事了。其次，士兵朋友的失約教育了我，只有好的意圖並不夠；他想要帶我去，但他並未赴約。」

對魏特利而言，去船上釣魚是他最大的願望，士兵爽約後他立即著手實施自己的計劃，終於使願望成眞。假如他就這麼被失望的情緒擊潰，他極可能只是回家自我安慰：「雖然我很想去釣魚，但是那個阿兵哥沒來，這回就只能這樣算了！」

只要你自己想去釣魚，你就能靠自己的努力而釣得到魚，何必苦等別人帶你去呢？與其低頭傷心，埋怨別人不配合，倒不如花心思想想自己能怎麼做。

魏特利的故事告訴我們：僅僅空有願望不足以獲得勝利，要立刻採取行動，要自立自強，唯有靠自己才能開發那片屬於自己的沃土——自我無窮的潛能。

作家博思曾經這麼寫道：「在順境中趾高氣揚的人，在逆境中必定會垂頭喪氣。」

其實，在人生的過程當中，凡事都不是絕對不變的，因此，順遂之時莫過分自得，不幸之時莫過分喪志，唯有如此，才能具備把逆境轉化成順境的心境。

本書《改變心境，就能改變環境全集》是作者舊作《改變心境，就能改變環境》與《改變想法，就能改變看法》的全新增修合集，除了針對內容進行刪修之外，另外也增加了十餘篇新稿，謹此說明。

出版序　沒有人會帶你去釣魚　●黛　恩

01 拋開煩惱，就能收割快樂

糟糕的情緒往往是當下最為強烈，也最為讓人難以忍受。你可以選擇沉溺哀傷，也可以選擇期待幸福。

只要認真，就能美夢成真　020
聰明過頭，小心變豬頭　023
不要漠視自己的權利　026
夫妻之間誰都驕傲不得　029
拋開煩惱，就能收割快樂　033
別被理所當然騙了　036
努力克服自私的本性　039
把握人生方向直線前進　042

02 只有聰明的人，才懂得動腦筋

做個聰明常動腦的人，別讓自己在日復一日的重複與等待之中，消磨了鬥志與衝勁，與許許多多的機會擦身而過。

幸福是心靈與生活的光合作用 046

保持真正的運動家精神 050

圖人方便也是給自己方便 054

要做生意，先學管理 058

成功的人善於辨別機會 062

如何才能打動貴人的心 066

只有聰明的人，才懂得動腦筋 071

卑微，也是一種成功的手段 075

何必管別人怎麼說？ 078

03 一隻手也能打造夢想

只要還有一隻手、還能動，就能打造自己的夢想，我們不想要孩子成為弱者，或許就該試著從平日教育開始。

一隻手也能打造夢想 082
不用害怕別人潑冷水 087
隨時儲備你的知識存款 092
盡力彌補自己造成的錯誤 095
充滿信心才唬得了別人 099
幫助最需要幫助的 103
一句信任勝過千句警告 106
影響人生最巨的家庭教育 109

04 寬容，才能贏得敬重

一旦發生了誤會別人的過錯，最容易使受委屈的人，悄悄地心懷傲恨，以一千夜的猜疑來培養不和的種子。

人生最大的幸福就是使人幸福 114

不要當面給人難堪 117

請為愛你的人保重自己 121

以行動傳遞溫情 125

有一個秘密是我愛你 128

姑息，只會增添更多遺憾 131

寬容，才能贏得敬重 134

愛要懂得及時表達 138

孝親，莫要等到親不待 141

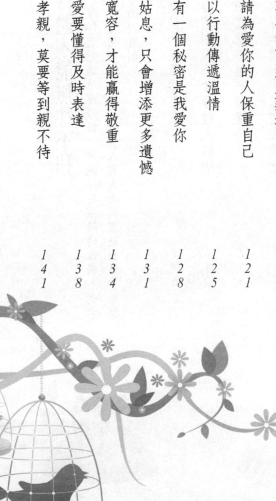

05 說話得體才能無往不利

懂得適時適地說好話，才能得到預期的效果，也才能運用話語的力量，在人與人之間製造出減少摩擦的潤滑劑。

別被馬屁薰昏了頭 146
接納別人，才會被人接納 149
四塊糖勝過一頓鞭子 153
做好準備，才能迎接機會 157
沒有多餘的慾望，就沒額外的痛苦 161
說話得體才能無往不利 165
一味相信專家的人是傻瓜 168
幼年經驗會牽動你的一生 172

06 改變食古不化的想法

別把自己的腦子加上了大鎖，多以開放的心來接納外界的訊息，才能彼此互動，激盪出創意的火花。

改變食古不化的想法 176

想成功，必須先行動 179

換掉不愛自己的腦袋 182

放心隨緣，生活隨喜 186

隨遇而安就不會做出錯誤判斷 189

走出失敗挫折的泥沼 192

開懷大笑，抗憂減壓過生活 195

不需要想的，就別浪費精神 199

從實際生活可以學到更多 202

07 贏得輕鬆，活得自在

一塊碳在壓力之下，可能變成鑽石，但也可能成為粉末，如果要求自己一定要成為鑽石，當結果不如己意時，所受到的挫折感會更加令人難以忍受。

改變想法，就能改變看法 208

不要因為低潮而放棄人生目標 212

把心思用在正確的事上 215

贏得輕鬆，活得自在 219

熱愛自己的選擇，尊重別人的選擇 223

堅持自己選擇的道路 227

以愛背起甜蜜的包袱 230

以身作則，樹立榜樣 234

在自己的工作中尋求專業價值 238

08 放下痛苦就是幸福

改變我們的心境和態度，讓我們的生命充滿希望，而非充滿仇恨與苦難，我們就能自在無束地生活下去。

傳遞幸福的能量以得到幸福 244

抱怨，只會讓心情更加灰暗 249

幸福，來自認清自己的價值 254

放下痛苦就是幸福 257

自己活，也讓別人活 262

逆境中更要相信自己，展現自己 266

自我肯定，就有無限可能性 270

追求自我人生的意義 275

認真學習才能激發創意 278

09 冷靜，才能隨機反應

冷靜下來，將整件事從頭到尾咀嚼一遍，預想幾個方案以應付不時之需，才不致於腦袋空空、不知所措。

將嗜好融入工作之中 284

給對刺激，用對方法 288

激將法也是致勝的籌碼 291

嫉妒，只是否自己的價值 295

生活態度決定生活品質 299

冷靜，才能隨機反應 303

放寬自己的生活尺度 306

不要為了工作而忘了生活 310

幸福的感覺必須用心體會 314

10 面帶笑容，可以吸引快樂能量

面帶笑容對自己的人際關係來說總是無往不利的。只要你養成逢人就親切微笑的好習慣，保證能吸引快樂的能量。

面帶笑容，可以吸引快樂能量 320
愛，要勇敢表現出來 324
付出，不要只做表面功夫 327
尊重，是建立良好人際關係的基石 331
將愛意昇華成為創造力 335
讓自己遠離是非圈 339
把好話說得盡善盡美 343
含糊其辭也是一種說話藝術 346
要虛心求教，也要有清醒的頭腦 349

11 享受工作，享受生活

在工作中尋找出熱忱與企圖心，然後不斷地加油，就能持續點亮那盞心中的燈，照亮生命中的每一天。

拋棄不快樂的想法 354

開心，就是幸福的捷徑 358

擔心怎麼走，不如思考怎麼活 361

嘗試寬容，遠離痛苦 364

榮譽就是盡力做好自己 367

看輕金錢和名聲 371

享受工作，享受生活 375

知足，人生才能富足 379

01

拋開煩惱，就能收割快樂

糟糕的情緒往往是當下最為強烈，

也最為讓人難以忍受。

你可以選擇沉溺哀傷，也可以選擇期待幸福。

只要認真，就能美夢成真

我們往往因為擔心理想無法實現，為了避免挫折，於是不斷地修正自己的目標，漸漸地，再也沒有機會實現了。

每個人都有夢想，卻往往不是每個人都能實現自己的夢想，這是因爲在理想與現實之間，我們爲自己劃下了界限，於是看不到未來的遠景，又遲遲不敢動身起步，於是夢想始終只是一場虛幻的夢境。

一九八三年十一月一日，美國總統雷根的辦公室來了一位小客人，名叫比利，只有七歲。

小比利罹患了一種絕症，醫生判定他不能活過十歲生日。在小比利心中有一個美好的夢想，就是希望能當上美國總統。

雷根總統得知此事後，決定實現小比利的夢想，讓小比利當一天美國總統，自己則擔任這位小「總統」的助手。

雷根向「小總統」詳細介紹了日常工作和職務範圍，隨後就忠實地侍候在小比利的身邊。

部屬呈上來的每一分文件，「小總統」都請雷根參加討論，取得一致的意見後，交由雷根代爲簽名並蓋章。

辦公之餘，雷根與「小總統」也彼此友善地交談。雷根還告訴比利，自己七歲時，只不過夢想成爲一名消防隊長，還未曾想到過當總統呢！小比利聽到這些話當然很高興，而更讓他高興的是，他終於「實現」了他的總統夢。

「人生有夢，築夢踏實」，人生過程中的每一個美麗夢想，就是推動我們不斷前進的助力。然而，在追求夢想實現的過程中，難免會遭遇挫折及難以改變的困境，讓人打消了原本的念頭，告訴自己夢想雖然美麗，卻抵不過現實的殘酷。

小比利身染重疾，性命垂危，根本沒有當上總統的可能，他的夢原本是個永遠沒有辦法實現的理想。

但是，他不曾放棄希望，於是很機緣地，在雷根的行程之中，爲他安插了一個位置，或許這只是一個塑造總統親善形象的樣板活動，但對小比利來說，卻得到了實現夢想的機會。

我們往往因爲擔心理想無法實現，爲了避免挫折，於是不斷地修正自己的目標，改成容易達成的方案，漸漸地，我們距離我們的理想越來越遠，再也沒有機會實現了。

葛雷娜·薩斯貝莉這麼說：「世上沒有不可能實現的夢，而且你要記住，上帝早已承諾要給祂的子民他們心裡所求的。」

惠特尼·楊更說：「與其機會來時沒有準備好，還不如嚴陣以待，縱使仍然等不到機會的光臨。」

當我們認眞且一直相信自己一定能夠做到時，有些美夢就能成眞。所以，要做夢，就夢得遠些，夢得大些，那麼，我們將會爲了追求美夢成眞的那一天，而拼盡自己的全力，發揮無窮大的可能性。

聰明過頭，小心變豬頭

愈是精明的計算，愈有可能弄巧成拙，反而得不償失。所以，凡事還是穩紮穩打來得穩當。

做事情的時候，我們難免會想抄捷徑，老想找到事半功倍的方法，可是卻忘了，在我們費盡心思苦尋不到所謂的捷徑時，循序漸進的老實人早已按部就班地把事情做好了。

殊不見，跑不快的烏龜，因爲一步接著一步向前爬，最後還比兔子更早到達終點呢！

二次世界大戰的時候，美國一座新兵訓練營中，有一天舉行了一項長距離越野賽跑。

一個新兵一向不大擅長賽跑，所以在越野賽中很快就落於人後，整條馬路上，只有他一個人孤零零地跑著。

轉了個彎，來到了岔路口，眼前出現兩條路。其中一條路，路標上標明了軍官專用，而另一條路，則是給士兵跑的小徑。

那名新兵停頓了一下，暗自咒罵軍中階級制度不公平，只要是軍官，就有許多便宜可占。但是，抱怨歸抱怨，他仍然朝著士兵的小徑跑去。

過了半個小時，他終於抵達終點，沒想到他竟然名列第九。

他想，一定是弄錯了，因爲他從來沒有跑進前十名過，說實在的，連前五十名都摸不著邊。

主持賽跑的軍官看著他大惑不解的模樣，笑著說：「今天你不就跑進前十名了嗎？」

過了好幾個鐘頭，大批人馬終於氣喘吁吁到了，跑得精疲力盡，只能嫉妒地看著早到的人悠閒自在地喝著咖啡。

原來，是部隊的司令官開了一個大玩笑。

那些落後的士兵就是聰明反被聰明誤，以爲部隊一定會優惠軍官，所以每一個都想抄捷徑，卻沒想到反被擺了一道。

外國的月亮總是比較圓，別人碗裡的飯看起來總是特別好吃，其實一旦親身嘗試，並不一定眞的如此。

省時省力、輕鬆便利，的確是生活追求的目標，但是若光想著如何投機取巧，那就要不得了。

俄國文豪杜思妥也夫斯基就曾經大聲疾呼：「要正直地生活，別想入非非！要誠實地工作，才能前程遠大。」

貪心偷懶的念頭，往往會影響我們的判準，會影響我們的行爲，會影響我們所應承受的結果。

愈是精明的計算，愈有可能弄巧成拙，反而得不償失。

所以，凡事還是穩紮穩打來得穩當。

不要漠視自己的權利

找尋對方的弱點據理力爭，千萬不要漠視了自己的權利，輕易低頭認輸，成了別人恣意踩在腳底的爛稀泥。

或許，我們所處的是一個弱肉強食的世界，權勢代表的是擁有比別人更多的機會與優勢。

但是，這並不代表我們就應該乖乖地向別人低頭，毫不抵抗、二話不說地獻上一切。

據說，德國皇帝威廉一世曾在波茨坦地區蓋了一座富麗堂皇的離宮。

一次，威廉一世來到波茨坦巡視，住進了離宮，登上高處欲遠眺波茨坦市全景，卻發現許多景物都被城外一座磨坊擋住了。

威廉一世感到大爲掃興，立即傳令手下去找磨坊主人洽談，打算買下這座磨坊後立刻拆除。誰知磨坊主人面對皇帝的要求卻絲毫不理，還對前來洽談的官員說：「我這個磨坊代代相傳，無法計算它的價值。」

威廉一世聽了之後勃然大怒，認爲磨坊主人太不識抬舉，於是立即下令將磨坊拆毀。

磨坊主人看著大隊人馬將自己的磨坊拆毀，自言自語地說道：「難道當皇帝就可以這樣胡作非爲，任意摧毀別人的身家財產？那我們制定國家的法律還有什麼用？」

不久，磨坊主人備齊了證據，向最高法院提出告訴。

最高法院根據當時的德國法律，判決威廉一世必須重建磨坊，並賠償磨坊主人所有的損失。

爲了維持法律的尊嚴與威權，威廉一世雖然不悅，卻也只得將已經拆毀的磨坊重新修建。

倡導黑人自主活動的馬丁路德．金恩博士曾經這麼說：「我相信，沒有一點暴力的真理與無條件的愛，將是最能表達生命真相的字彙。這就是為何儘管正義戰勝邪惡的時間是短暫的，它的力量卻不容忽視。」

的確，只要在理字上站得住腳，說起話來就能義正辭嚴，只要對方不是太小人，通常就能有伸張正義的機會。

雖然這個世界上，大家總是怕壞人，但只要有人敢站出來，群起而攻之，力量還是不可小覷的。只不過，千萬要懂得適可而止，不要得了理卻不饒人，自己反成了不講道理的人。

磨坊主人善用了自己的權利，不正面交鋒，卻不輕易認輸，靠著不畏權勢的勇氣，守護住了自己的所有權。

你是否也有遭逢權勢威逼的無力感？

別急著憤怒與沮喪，因為找尋對方的弱點據理力爭更重要。

千萬不要漠視自己的權利，輕易低頭認輸，成了別人恣意踩在腳底的爛稀泥。

夫妻之間誰都驕傲不得

夫妻之間，應該要維持對等的態度，外在的身分地位，最好不要帶進兩人的生活裡，更切記別帶回房裡。

儘管有人鎮日想著攀龍附鳳，看看是不是能夠少奮鬥個二、三十年，坐享婚姻關係帶來的好處，不過，大部分人還是由衷希望自己能夠覓得一位完美的終生伴侶。

但是，就算神仙眷侶，也需要面對日常生活中的種種煩惱，也和平凡夫妻一樣有各自的家庭問題需要解決。

每個人都是不同的個體，人與人之間永遠不可能相同，彼此之間只要有了比較，就有了差異，就有了高低。平心而論，有誰願意永遠被壓得死死的？積怨久了，就很容易發生爭執。

這樣的關係如果出現在親密的夫妻之間，往往就成了家庭爭執的主要導火線，倘若夫妻二人不能冷靜下來彼此協調，修正彼此的態度，想要「床頭吵，床尾和」可就不那麼容易了。

身爲大不列顚帝國最高領袖的維多利亞女王，身分地位上當然比起自己的夫婿高出許多。

但即便是皇室婚姻，本質也是由一男一女組成的夫妻，平常人會遇到的家庭問題，他們也同樣會有，而且更易產生衝擊。

因此，女王與妻子、丈夫與臣下，雙重的身分使得他們夫妻間的關係變得複雜多了。

有一次，維多利亞女王因爲細故與丈夫吵了架，丈夫一怒之下獨自回到臥室，閉門不出。

等女王打算回臥室時，卻不得其門而入，只好敲門。

丈夫在裡邊問：「誰？」

維多利亞傲然回答：「女王。」

沒想到裡面既不開門，也無聲息，她只好再次敲門。

裡頭又問：「誰？」

「維多利亞。」女王回答。

還是沒有動靜，女王只得再次敲門。

裡頭再問：「誰？」

女王學乖了，柔聲回答：「你的妻子。」

這一次，門終於打開了。

只要是夫妻，一定會有吵架的情況發生，意見相左時也難免會發生一些爭執。

維多利亞女王萬人之上，又豈可能屈居於一人之下，即使那人是自己的丈夫，端久了的架子，當然很難放得下來，對丈夫頤指氣使的情況一定在所難免，吵架的時候八成也會占上風；於是，身爲女王的夫婿就必須在「男子漢」和「軟腳蝦」之間做出選擇。

維多利亞女王的夫婿做法冷靜多了，在當下與外人之前不吵，目的就在於尊重對方的身分地位，但是，心中的怒氣可還是得找個管道來宣洩，我不開門總可以吧！想進門，就先放下女王的身段再說。

既然要共同生活，就應該了解彼此的尺度與限度，如果單方面長久忍耐，最後勢必導致悲劇收場。

夫妻之間，應該要維持對等的態度，互信互賴、相互尊重才對，外在的身分地位，或是社會上的形象，最好不要帶進兩人的生活裡，更切記別帶回房裡。

詩經裡頭說得好：「執子之手，與子偕老」，夫妻的情分可是修了一百年才得到的，當然要一起走得長長久久，相互扶持，相互照顧。

在這個養兒難防老的時代，能有個相知相惜的老伴相陪，是再幸福不過的事了。

拋開煩惱，就能收割快樂

糟糕的情緒往往是當下最為強烈，也最為讓人難以忍受。你可以選擇沉溺哀傷，也可以選擇期待幸福。

煩惱始終存在於我們周遭，一味地逃避，反而會如影隨行，倒不如轉過身來正面地迎向它，深入地了解它，去明瞭煩惱的眞相，才能採取必要的行動以解決煩惱。

快樂，是一件難得的事，同時也是一件容易的事，端看你如何決定。

一個女作家在紐約街頭遇到一位賣花的老太太。這位老太太穿著相當破舊，身體看起來也很虛弱，但她的臉上卻是微笑祥和的神情。

女作家挑了一朵花，對她說：「妳看起來很高興。」

老太太神色不變地說：「爲什麼不呢？一切都這麼美好。」

「妳眞看得開，難道妳都沒煩惱？」女作家隨口說了一句。

老太太的回答卻令女作家大吃一驚，她說：「耶穌在星期五被釘上十字架時，是全世界最糟糕的一天，可是，三天後就是復活節了。所以，當我遇到不幸的事情，就會告訴自己：等待三天，一切就恢復正常了。」

「等待三天」這是多麼平凡而又充滿哲理的一種生活方式，讓人得以把煩惱和痛苦全數拋下，盡力去收割快樂。

糟糕的情緒往往是當下最爲強烈，也最爲讓人難以忍受的。如果能學老太太一般，期待三天之後一切都將好轉，懷抱著樂觀的希望，或許就能沖淡心中悲慘的感覺。

你可以選擇沉溺於哀傷，也可以選擇期待著幸福，你會如何選擇呢？

給自己足夠的時間去思考、去尋找問題的解決方法，正如老太太所說的：「等待三天」，或許你就能沈澱自己慌亂、焦躁、煩悶的心情，找出對自己來說最正確的前進方向。

泰戈爾說得好：「做完了我白天的工作，我便像一隻拖放在岸灘上的小船似的，靜聽著晚潮跳舞的音樂。」

我們當然也可以選擇這樣的愜意，只要學會放下的技巧就行了。當煩惱不再困擾著你，快樂，將唾手可得。

別被理所當然騙了

受限於外在的表象，往往容易把問題變得複雜，反而忽略了許多簡單又有效的方法。

處理事情的時候，要戒掉自己常將某事視爲理所當然的壞習慣，因爲每一件事情，不一定都能以同一套公式應付，一旦有了偏差，用錯了方法，反而會繞了遠路。

一代魔術大師胡汀尼有一手開鎖絕活，他自信無論多麼複雜的鎖，都能在極短的時間內打開，從未失手。

他還曾爲自己定下一個極富挑戰性的目標：能在六十分鐘之內，從任何鎖中掙脫出來，條件是必須讓他穿著特製的衣服進去，並且不能有人在旁邊觀看。

有一個英國小鎮的居民，決定向偉大的胡汀尼挑戰。他們特別訂製了一個堅固的鐵牢，配上一把看起來非常複雜的鎖，請胡汀尼來看看能否從這裡脫逃出去。

胡汀尼接受了這個挑戰。他穿上特製的衣服，走進鐵牢中，牢門「哐啷」一聲關了起來，大家遵守規則轉過身去。胡汀尼於是從衣服中取出自己特製的工具，開始工作。

三十分鐘過去了，胡汀尼用耳朵緊貼著鎖，專注地工作著；四十五分鐘、一個小時過去了，胡汀尼頭上開始冒汗。兩個小時過去了，胡汀尼卻始終聽不到期待中的鎖簧彈開的聲音。

他精疲力盡地將身體靠在門上坐下來，沒想到牢門卻因此順勢而開，原來，牢門根本沒有上鎖，那把看似很厲害的鎖只是故佈疑陣罷了。

小鎮居民成功地捉弄了這位逃生專家，門沒有上鎖，自然也就無法開鎖，但胡汀尼心中的門卻上了鎖。

越是有所預期，越是容易自我設限，以致於拘泥於舊有的窠臼之中，結果，掙脫不開的，其實是自己一手打造的心鎖。胡汀尼就是在這個地方栽了觔斗。

受限於外在的表象，往往容易把問題變得複雜，反而忽略了許多簡單又有效的方法。

這就像胸有成竹的人，二話不說就畫出心中的竹，但畫完了才發現模特兒根本就不是竹；而鑽研精深難題的數學家，卻解不開最單純的題目，同樣尷尬可笑。

問題就出在他們的「習慣」，落入了「理所當然」的陷阱之中。所以說，要小心自己的長處，別因爲自己拿手，就因此輕忽，那往往會讓你走入盲目的胡同之中。

保持心思的清明，不預設立場，才能讓自己做出最佳決策。

努力克服自私的本性

一個人之所以有意義，不是在於他遺留一些什麼東西，而是在於他有所作為和享受，而又使他人有所作為和享受。

托爾斯泰要我們：「想一想自己的生活，想一下你究竟是什麼樣的人，你究竟是什麼，人生的意義究竟何在，每一個頭腦清醒的人又應該怎樣度過一生。」

當公衆的利益與私我發生衝突的時候，我們應該深思一下，如果暫時克制自私的本性能夠爲公衆帶來絕大的利益時，我們又何樂而不爲呢？

畢竟，我們也是公衆中的一分子。

人，一直都是自私的動物，有時爲了自保，難免會不惜傷害別人。

在社會心理學之中，曾經有過這樣的議題討論：囚徒困境。

有兩個嫌犯一起被警察逮捕，爲了避免兩人串供，警方立刻將兩人分開囚禁，並進行隔離訊問。警察分別告訴他們，他們有三種選擇：

第一，死不認罪，如果最後警方也確實找不到他們犯罪的證據，這樣他們將會被無罪釋放。

第二，主動認罪並檢舉揭發同伴，法官會酌情量刑，最後可能只判三年刑期。

第三種就是自己死不認罪，但如果被同夥揭發並證明有罪，這樣就會被法官判十年有期徒刑。

那麼被分開羈押、分別提審的罪犯究竟會選擇哪一條路呢？

根據調查結果，絕大多數的人會選第二條。

爲什麼大多數的人不選第一條而選第二條呢？

原因就在於第三條的但書，因爲不相信自己的同伴不會出賣自己，所以選擇先下手爲強，至少還可以減少七年刑責。這就是人無可避免的自私本性，必定會想辦法在利己不損己的情況下，謀取最大的效益。

曾經一場突如其來的病毒，令全球頓時籠罩在肺炎的陰影之中，爆發疫情的地區猶如卡繆所寫的《瘟疫》中的孤城一般，種種人性表現昭然若揭。然而，我們卻也應該明白，我們是無法劃地自限的，在這個地球村的世界，病毒擴散的能力，將遠遠超過十四世紀的黑死病，沒有人可以心存僥倖。

恐慌、搶奪、排拒……都是人類自私的表現，但是，其中仍有許多値得尊敬的人，他們克服了自利的慾望，親自投身於危險之中，以一己之力，期待爲世界挽回希望，這樣的人才是眞正的勇者。

歌德曾經說：「一個人之所以有意義，不是在於他遺留一些什麼東西，而是在於他有所作為和享受，而又使他人有所作為和享受。」

就像第一個覺察病毒可能爲全新變種的醫生，毫無防護不眠不休地待在醫院當中治療病患，以生命換取眞相，來通知世人病毒的危險性。

死，可以輕如鴻毛，也可以重如泰山，我們眞的必須衷心感謝這些願意違反自己自私天性而犧牲的人們。

把握人生方向直線前進

我們難免會想要尋找安全平穩的道路，但那或許也代表著我們必須花費更多的時間與精力，才有機會完成。

薇吉尼亞．莎泰爾認爲：「實現夢想並非遙不可及的事，只要跨出第一步，就能離目標越來越近。」

抵達目的地的方法固然有千百個，其中一定有一個最快速、最有效的方法，只不過這個途徑代表的，或許是極大的風險。

絕大多數的人總想保全守成，往往寧願多繞點路，然而，人生苦短，有時候繞得太遠了，竟發現自己走不回來，於是這段路便成了人生中的一個遺憾。

有位作家曾經寫過這麼一個故事。

有一個老人在凜冽寒風中打算越過一條河。老人在河邊把自己脫得一絲不掛，然後頭頂著衣服一步一步走下水去。這時，一名路人見狀，連忙喊住老人，告訴他說上游十公里的地方有橋，老人回答他曉得。

路人又說，下游十公里的地方也有擺渡的竹筏，老人回答他知道，並說這條河他從小就走習慣了。

老人始終沒有回頭，一步一步地，在呼嘯的寒風中走向對岸。

有一個年輕人，或許嫌路太遠，也學著老人脫了鞋，一步步走進水中，但當冰涼的河水剛剛淹沒膝蓋時，年輕人停了下來。而後，又一步一步走上岸來，穿好鞋繞道而去。

那年輕人在繞道十次、二十次，或者一百次、一千次之後，發現自己竟然老了，再也沒有時間一次又一次後悔，甚至也沒有時間繞道而行。

俄國大文豪契訶夫曾說：「我們只有生活一回的機會；人要勇敢地過他的生

活，過得清醒，過得美。人要做強而有力的、獨立的、高尚的人物；人要創造歷史，免得叫後代人有權利批評我們是廢物。」

我們應該要有足夠的冒險精神，鼓起勇氣朝著理想前進，不懼怕過程中的種種風險。

有時候，我們難免會想要尋找安全平穩的道路，但那或許也代表著我們必須花費更多的時間與精力，才有機會到達目標。如果我們每次都只是不斷地計劃、慢慢地分析，等到我們真正付諸實行的時候，可能早就錯過了時機。

故事中的老人，深明自己如果半途而廢，將不會順利渡河，於是不顧河水冰冷、湍急，執意前行，堅持到底的結果，順利地過了河。而那名原本也打算涉水過河的年輕人，卻反覆躊躇，浪費了時間也浪費了精力，一旦這種心態生了根，有一天，身強不再體壯，還會有力氣走十公里去過橋或搭渡筏嗎？

既然要做，就不要後悔，再艱難也必須一步一步地向前挺進，畢竟時間有限、生命有限，許多事是經不起一次又一次地繞道與反悔的。

02

只有聰明的人，才懂得動腦筋

做個聰明常動腦的人，
別讓自己在日復一日的重複與等待之中，
消磨了鬥志與衝勁，與許許多多的機會擦身而過。

幸福是心靈與生活的光合作用

只要我們懂得欣賞自己的人生，抱著樂觀進取的生活態度，即使吹出來的泡沫大小不一，小泡泡裡的彩虹都會一樣美麗。

作家霍布斯曾說：「幸福是一個不斷渴望的過程，從一個目標到另一個目標，達到前者，就開闢了通向後者的道路。」

的確，如果你能夠瞭解幸福只是一種過程，而不是結果，那麼你就能減輕追求幸福的負擔，幸福也就自然會向你報到。

幸不幸福，是心靈與生活的光合作用，而不在於獲得或失去什麼。生活不會因爲成長的背景不同，或是上帝賦予的使命不同，而讓生命有不同的價值落差，因爲，眞正能賦予我們價值的人，只有我們自己。

波紀兒是一個重度弱視的女孩，累積了五十多年的人生經驗，寫下了《我希望能看見》一書，與大家分享她的人生觀。

書中，她寫著：「我只有一隻眼睛，眼睛上還滿是疤痕，我只能透過眼睛左側的一個小洞，去看我想看見的世界。但是，我幾乎是看不見的，閱讀時，我必須將書幾乎貼在臉上才能看見。」

一些人因爲身體殘缺，經常期待別人憐憫與幫助，波紀兒卻非常排斥這個想法，她一點也不願意人們的幫忙。她說：「我是個正常的人，請你們以正常的眼光看我！」

小時候，她想跟其他小孩一起玩跳房子，可是她看不見地上畫的線。於是，她靜靜地等其他孩子們回家後，一個人趴在地上，把「房子」的線條記得清清楚楚。直到下一次，她就可以輕鬆自在地跳格子了。

好勝心強的她，也眞的一如「常人」般努力向學，甚至表現得比任何人都要優秀。她不僅拿到明尼蘇達州立大學的學士學位，後來更在哥倫比亞大學拿到了碩士學位。

不久，她開始擔任教職，同時也參與婦女俱樂部，並經常在俱樂部裡發表演說。她的生活觀受到人們的認同與支持，還被邀請到電台主持節目，與更多的人分享她的樂觀人生。

不過，在這個樂觀的背後，居然還藏著一個不為人知的秘密，書中她這麼寫著：「在這個階段裡，我的腦海深處經常懷著一種恐懼，其實，我是很害怕完全失明的。還好，為了克服這個恐懼，我學會詼諧的人生態度，日子也過得相當快活！」

也許是上天心疼波紀兒，就在她五十二歲那天發生了一個奇蹟。在動完一個小手術之後，她居然「完全」看見了。

她在書中說：「那是一種新生，美麗的世界給了我全新的開始。你知道嗎？當我『第一次』看見水槽裡的泡沫時，心情快樂得飛了起來。每當我的手一伸進水中，抓起一把又一把的泡沫時，我都會把它們迎向陽光，因為那實在美極了。而且我還看見在每一個泡沫裡，都有一道美麗彩虹呢！」

從許多堅強的殘障朋友身上，我們總是能看見生命的無限可能，與動人的生命樂章；反觀，許多看似身體健全的人，卻好像老是期待自己是個殘缺的人，好獲得人們的同情與特殊待遇。

因爲認識生命的程度不同，也因爲人生定義的標準不同，我們的人生才會有這麼大的不同，甚至是落差。

懂得爲何而生活的波紀兒曾說：「不管我們如何出現，也不管成長背景有多麼不同，我們只需知道：對生命來說，我們一樣都是人。」

生活是內心活動的眞實投射，幸福的秘訣就是隨遇而安，減輕無謂的心理負擔，不在自己的心靈套上枷鎖。

只要我們懂得欣賞自己的人生，懂得珍惜自己，抱著樂觀進取的生活態度，即使吹出來的泡沫大小不一，小泡泡裡的彩虹都會一樣美麗。

保持真正的運動家精神

不要想以卑劣的手段獲得勝利，因為那最終都會讓你的心蒙上陰影，讓你的成功顯得不真實。

莎士比亞曾經勸告我們說：「對自己要老老實實。」一個人唯有做自己，才能真正無愧於心，坦坦蕩蕩，光明磊落。而真正的勇氣，是不畏強權強勢，只朝著自己的信念前進。

一九三六年的柏林，希特勒當著十二萬觀眾宣佈奧運會正式開始。這是一場政治操縱下的運動盛會，他要藉世人矚目的奧運會，證明日耳曼民族的優越。

希特勒派人命令德國的參賽選手魯茲．朗，要他擊敗美國籍黑人選手傑西．歐文斯，向世界證明他的種族優越論。

在納粹的報紙一致叫囂把黑人逐出奧運會的聲浪下，傑西．歐文斯仍參加了四項比賽項目的角逐：一百公尺、二百公尺、四百公尺接力和跳遠。

跳遠比賽開始時，希特勒親臨觀戰。魯茲．朗果然順利進入決賽，而傑西．歐文斯只要跳得不比他最佳成績少過半公尺，就可進入決賽。

或許環境所帶來的壓力實在太大了，第一次，他因爲超過跳板才起跳而犯規；第二次他爲了保險起見從跳板後面起跳，結果卻跳出了從未有過的壞成績。

他一再試跑、遲疑，始終不敢進行最後一躍。終於，希特勒帶著滿意的笑容起身，準備離場。

此時，一個瘦削、有著湛藍眼睛的德國運動員走近歐文斯，用生硬的英語介紹自己。他就是人人盡知的魯茲．朗。

魯茲．朗用結結巴巴的英文和露齒的笑容告訴傑西．歐文斯，目前最重要的是取得決賽的資格。

他說，他去年也曾遭遇過同樣情形，後來用了一個小訣竅才解決了困難。他大方地傾囊相授，取下傑西．歐文斯的毛巾，放在起跳板後的幾英吋處，表示從那個地方起跳就不會偏失太多了。

傑西．歐文斯照做，不但順利進入決賽，而且幾乎打破了奧運會紀錄。幾天後進行決賽，魯茲．朗果然如預期的打破了世界紀錄，但隨後，傑西．歐文斯又以些微的優勢戰勝了他。

貴賓席上的希特勒臉色鐵青，看台上情緒昂揚的觀眾不敢躁動。魯茲．朗飛快地跑到傑西．歐文斯身旁，把他拉到聚集了十二萬德國人的看台前，舉起他的手高聲喊道：「傑西．歐文斯！傑西．歐文斯！傑西．歐文斯！」

看台上經過一陣難捱的沉默後，忽然齊聲爆發：「傑西．歐文斯！傑西．歐文斯！傑西．歐文斯！」

傑西．歐文斯舉起另一隻手來答謝。等到觀眾安靜下來之後，他舉起魯茲．朗的手朝向天空，聲嘶力竭地喊道：「魯茲．朗！魯茲．朗！魯茲．朗！」

全場觀眾也同聲響應：「魯茲．朗！魯茲．朗！」

沒有詭譎的政治，沒有人種的優劣，沒有金牌的得失，選手和觀眾都沉浸在君子之爭的感動裡。傑西．歐文斯創造的八．〇六公尺的跳遠紀錄，一共保持了二十四年，而他在那次奧運會上榮獲四面金牌，也被譽為世界上最偉大的運動員之一。

多年後傑西．歐文斯曾經回憶說：「是魯茲．朗幫助我贏得這四面金牌，而且使我了解，單純而充滿關懷的人類之愛，是真正永不磨滅的運動員精神，我們所創的世界紀錄，終有一天會被後起的新秀突破，但這種運動員精神永不磨滅。」

德國跳遠選手魯茲．朗以行動維持了運動家的尊嚴不受政治力侵犯，稱得上是一名勇者。

魯茲．朗雖然失去了幾乎到手的金牌，但是他跳出了個人最好的成績，對他來說，已是一項成就，加上他的大量器度，讓在場觀戰的眾人打從心裡佩服他的勇氣，比起虛偽操作而來的金牌更值得珍惜。

不管是什麼類型的競逐，我們都要進行君子之爭，不要想以卑劣的手段獲得勝利，因為那最終都會讓你的心蒙上陰影，讓你的成功顯得不真實。真金不怕火煉，真材實料的紀錄才是值得紀念的人生成就。

圖人方便也是給自己方便

在自己的能力許可範圍之內，給別人方便，也就在自己的人際關係銀行之中存入一筆存款，何樂而不為呢？

做人如果不夠圓融，混身都是稜角，碰撞的機會也就增加，挫折的可能性自然也就高居不下，人生便過得苦痛。

有時候，將尺度放鬆一點，讓自己不要繃得那麼緊，生活會快樂些，與人相處也就不容易產生摩擦。

有句話說：「吃虧就是佔便宜。」意思是說凡事不必太計較，在某處讓人一步，說不定在另一處就能進一步。

從小港口到火車站之間，客運公司僅僅安排了兩輛中型巴士來回對開，連繫兩地的交通。

小港口的生活環境條件不算太好，許多人都是全家老小一起生活在船上，必要的時候才會搭巴士進城，採購民生必需品或辦些公務。

兩輛中巴的司機，做事方法迴異，其中一號車的司機很少要求小孩子買票，有時候，即使是一對夫婦帶了幾個孩子，他也視無睹，只要求船民買兩張成人票。有的人過意不去，執意要給大孩子買票，他就笑著對孩子說：「下次給我帶個小河蚌來就好啦！這次讓你免費坐車。」

至於二號的司機則恰恰相反，只要有帶孩子的，大一點的要全票，小一點的也得買半票。而且，他總是囉囉嗦嗦地叨唸不停，不是抱怨說這車是承包的，每月要向客運公司交多少多少錢之類的，不然就是哪個月不交足，馬上就幹不下去了……等等。

乘客也理解司機的難處，幾個人上車就掏幾張票的錢，因此，每次也都相安無事。

不過，三個月後，二號巴士不見了，聽說停開了。果真應驗了二號司機的話：「馬上就幹不下去了」，因為搭他車的人很少，沒有生意自然就沒有業績，當然就被縮編了。

俗語說：「吃人嘴軟，拿人手短」，只要受了別人的好處，自然就不會太和人計較，遇事也多少會睜一隻眼、閉一隻眼，投桃報李嘛！所以說，給別人方便，其實也就是給自己方便，是一種互惠的處世方式。

一號車的司機，不是不愛錢財，不是喜歡做慈善事業，而是為了永續經營自己的事業在做投資，一張兒童票多不了幾塊錢，加上乘客不多，車內寬鬆，多幾個小孩也熱鬧些，做個順水人情也無妨，大家交個朋友，和樂融融也是難得的緣分。在自己的能力許可範圍之內，給別人方便，也就在自己的人際關係銀行之中存入一筆存款，何樂而不為呢？

一般來說，對於消費過程及消費的產品感到滿意，而貨比三家之後，下次自然樂於再度回到消費過程感受最好的商家消費。一號車的司機就是掌握了這項原則，從經營顧客做起。

反觀二號車的司機，爲了不減損自己眼前的任何利益，深怕自己遭受損失，於是錙銖計較，整路滔滔不絕地叨唸。

別人不只會因爲覺得自己被當成想坐霸王車的壞人而心裡感到不舒服，更會被這些抱怨煩得受不了，最後乾脆別搭這班車算了，那麼到頭來吃虧的究竟是誰呢？

美國自我管理大師卡內基曾經這麼說：「如果你要別人喜歡你，或是改善你的人際關係，如果你想幫助自己也想幫助別人，請記住這個原則：真誠地關心別人！」

抱持著一分眞心，設想別人的感受，別忘了，圖別人方便，其實是在圖自己方便。

要做生意，先學管理

要有好的策略和規劃，才能在激烈的商場競爭之中殺出一條血路，好的策略更要有人去執行，才能順利地發揮效用。

在這個世界上以買賣營生的人有千千萬，每天更有無數的店舖開門營業，有些人做得很成功，財源廣進，有些人卻老是入不敷出，苦撐等著倒閉。其中，最主要的差異，或許就在於經營管理理念上的不同。

一九六二年七月，在美國西北部一個叫本頓維爾的小鎮上，四十四歲的退伍軍人沃爾頓，開設了一家名爲沃爾瑪的商店。

三十多年後，沃爾瑪已成為全球最大的商業連鎖集團。

沃爾瑪之所以能創下商業奇蹟，其來有自。標榜佔地寬廣、售價便宜、服務親切的沃爾瑪連鎖店，創造了舒適的購物空間，滿足消費者從容採買的慾望。

沃爾瑪的經營宗旨之一便是「天天平價」。老闆沃爾頓常常告誡員工：「我們珍惜重視每一美元的價值，我們的存在是為顧客提供價值，這意味著除了提供優質服務外，我們還必須為他們省錢。當我們為顧客節約了一美元時，那就是為自己在競爭之中領先了一步。」

為了創立這一美元的價值，沃爾頓以身作則，作為員工的學習典範。他從不講排場，需要外出巡視分店時，總是自己駕駛最老式的客貨兩用車，既不請司機，也不開名車。而需要在外面住宿時，他也比照其他經理人員，從不要求額外待遇。

沃爾瑪更實行了全球共同採購戰略，以「低價買入，大量進貨，廉價賣出」的原則，提供顧客以最便宜的價格購得最高品質的商品。

價格與服務是沃爾瑪贏得競爭的兩大利器。它對於服務人員的要求是，必須露出八顆牙齒的笑容才算合格，沃爾頓認為，唯有露出了八顆牙，才能將一個人的微笑表現得最完美。

做生意自然要追求利潤的最大化，而實現最大化的目標則要從最小化的具體行動開始。設法替顧客省錢與微笑露出八顆牙，掌控住每一件小事的原則，自然使沃爾瑪砌就通向成功的階梯。

看完這個故事，也許有人會說他樂意到這樣的商店消費，但是絕不到這樣的商店工作。我想，一般消費者心態即是如此，我們希望享受高級的服務，卻不見得想成爲高級的服務生。

二十四小時的服務帶來了許多便利，但別忘了，想要得到這樣的服務，必須要有人願意在正常工作時段之外的時間來上班。

沃爾頓能夠成功的運用這些經營的策略，創造高度的營收，無疑是一名成功的企業家；而他能令自己的員工，完全依照他的要求去執行作業，也無疑是一名成功的管理者。

要有好的策略和規劃，才能在激烈的商場競爭之中殺出一條血路，想要賺大錢，除了要掌握市場趨勢，開創企業的風格與特色之外，更要懂得開源節流，把握投資機會，謹愼行事，不然只好看著別人數鈔票。

然而，好的策略更要有人去執行，才能順利地發揮效用，龐大的企業體是不可能事事都由老闆親力親爲的，所以擁有優秀盡責的員工，是成功企業不可或缺的一環。

現在已經不再是個老闆至上的時代，放眼天下諸多成功的企業，想要員工乖乖聽話，老闆心裡必須要有一套妥善的「馭才之道」才行；想要員工配合企業的策略行事，提供相對的誘因是在所難免的。

能將員工視爲共同體，共同創造利潤、共同分享利潤的老闆，才能讓員工產生向心力，願意融入企業之中，並將公司的未來納入自己的未來所屬的共生圈，在工作的時候便能眞心投入。

員工付出了心力完成工作任務，也就代表著老闆順利地推動了一項策略，這就是雙贏的結果。

成功的人善於辨別機會

世界上的事物永遠不是絕對的，苦難對於天才是一塊墊腳石，對能幹的人是一筆財富，對弱者是一個萬丈深淵。

撰寫《神曲》的義大利作家但丁曾說：「別人後退，我不退；別人前進，我更進。要攀登這座山的人，起初在下部是艱難的，越上升越沒有痛苦，最後就和坐著順流而下的小船一樣。」

唯有曾經辛勤耕耘，才有資格歡呼收割。

想要成功的人，就要能清楚辨明眼前匆匆而過的機會，牢牢掌握在手，才有可能坐享水到渠成。

有兩個鄉下人，都決定離開家鄉外出打工。其中一個打算去上海，另一個打算去北京。

候車廳裡有人正滔滔不絕地議論說：「上海人精明，連外地人問路都得收費」；又說北京人熱情，只要見了沒飯吃的人，不僅會給幾個饅頭，還送舊衣服。

兩人聽了，立刻改變了主意。

原本該去上海的人想，還是北京好，掙不到錢也餓不死，幸虧沒上車，不然眞掉進了火坑。而本來打算去北京的人想，還是上海好，給人帶路都能掙錢，還有什麼不能掙錢的？幸虧還沒上車，不然眞失去一次致富的機會。

於是，他們在退票處相遇了。兩個人順利地交換了火車票，前往自己理想的目的地。

去北京的人發現，北京果然好。他初到北京的一個月，什麼都沒幹，竟然沒有餓著。不僅銀行大廳裡有免費的水可以白喝，大商場裡還任君品嚐的點心可以白吃，完全不愁餓肚子。

而到上海的人發現，上海果然是一個可以發財的城市，不管做什麼事都可以賺到錢，帶路可以賺錢、管理廁所可以賺錢，光是弄盆涼水讓人洗臉也可以賺錢。

憑著鄉下人對泥土的感情和認識，第二天，他在建築工地裝了十包含有沙子和樹葉的土，以「花盆土」的名義，向愛花的上海人兜售。當天他光在城郊間往返六次，就淨賺了五十塊錢。一年後，單憑著「花盆土」的營收，他竟然在大上海擁有了一間小小的門面。

而後，他更轉業，經營起一家小型清潔公司，專門負責一般清潔公司不洗的工作。後來，他的公司已有一百五十多個員工，業務更由上海發展到杭州和南京。

有一天，他搭火車到北京考察。在北京火車站，一個撿破爛的人把頭伸進臥舖車廂，向他要一只空啤酒瓶，就在遞瓶時，兩人都愣住了，因為五年前，他們曾換過一次票。

法國文豪巴爾札克留下這樣的名言：「世界上的事物永遠不是絕對的，結果完全因人而異。苦難對於天才是一塊墊腳石，對能幹的人是一筆財富，對弱者是一個萬丈深淵。」

由於觀點不同，視野不同，連帶的做事的方法與態度也會不同，當然會造就不同的人。

正如同那位決意待在北京的人，並非北京沒有任何成功的機會，而是他根本不曾去追求；而另一位則雄心勃勃地覓尋商機，充分地發揮了自己的能力，因而獲得應有的報酬。

只要願意認眞付出，就能靜待有所獲得，更重要的是，不要讓自己喪失應有的尊嚴。

如何才能打動貴人的心

唯有為自己的未來埋下一顆希望的種子，持續不斷地施肥灌溉，才有歡呼收割的機會。

要實現自己的理想，有時是需要靠貴人相助的。萬一貴人遲遲不來，就得靠自己的力量去尋找。

那麼，要如何打動貴人的心，得到必要的協助？

方法是，除了不斷累積自己的實力之外，還需要適時適地展現自己的勇氣與決心。

日本全國有一百三十五萬家麥當勞，一年的營業總額突破四十億美元大關。創造這個數據的主人是一個名爲藤田田的日本老人，也就是日本麥當勞株式會社的名譽社長。

藤田田一九六五年畢業於日本早稻田大學經濟學系，畢業之後隨即在一家大電器公司任職。

一九七一年，他打算開始創立自己的事業，當時，麥當勞已是聞名全球的連鎖速食公司，企業採用特許連鎖經營機制來篩選世界各國的合作夥伴，而且要取得這分特許經營資格，需要相當財力支持。

藤田田當時只不過是一個才踏出校門幾年、毫無家族資本支持的上班族，根本就無法具備麥當勞總部要求的七十五萬美元現款和一家中等規模以上銀行信用支持的苛刻條件。

但身上只有不到五萬美元存款的藤田田，看準了美國連鎖速食文化在日本的巨大發展潛力，下定決心要不惜一切代價在日本創立麥當勞事業。

儘管事與願違，五個月下來，他只籌到四萬美元，面對巨大的資金落差，要是一般人，早就心灰意懶、盡棄前功了，然而藤田田卻偏偏有向困難說不的勇氣和銳氣。

一個風和日麗的春天早晨，他一身西裝革履，滿懷信心地跨進住友銀行總裁辦公室的大門，以極為誠懇的態度，向對方表明他的創業計劃和希望順利申請到這筆龐大的貸款。

但是，銀行總裁並沒有被他打動，只是淡淡地要他回家等消息。

藤田田聽後，心裡掠過一絲失望，但他很快地鎮定下來，懇切地對總裁說：「先生，可否讓我告訴你，我那五萬美元存款的由來呢？」

銀行總裁不置可否，並沒有立刻請他出去。

藤田田把握機會很快地說道：「那是我六年來按月存款的結果。六年裡，我每月堅持存下三分之一的薪資和獎金，從未間斷過。六年裡，即使無數次面對過度緊張或手癢難耐的尷尬局面，我都咬緊牙關，硬撐了過來。即使碰到意外事故急需要用錢，我也照存不誤，甚至不惜厚著臉皮四處告貸，來增加存款。這是沒有辦法的事，我必須這樣做，因為在跨出大學校門的那一天，我就立下宏願，要以十年為期，存夠十萬美元，然後自創事業，出人頭地。現在機會來了，我一定要提早開創這分事業……」

藤田田一口氣講了十分鐘，銀行總裁越聽，神情越嚴肅，最後向藤田田問明了他存錢的銀行地址，然後他說：「好吧，年輕人，我將在下午給你答覆。」

送走藤田田後，總裁親自驅車前往那家銀行，了解藤田田存款狀況。櫃台小姐提起藤田田，便立刻表示印象深刻地說：「喔，您是問藤田田先生嗎？他可是我接觸過的最有毅力、最有禮貌的一個年輕人。六年來，他眞正做到了風雨無阻地準時來我這裡存錢。老實說，這麼嚴謹的人，我眞是佩服得五體投地了！」

總裁聽了大爲動容，立即打通了藤田田家裡的電話，告訴他住友銀行可以毫無條件地支持他創建麥當勞事業。

當藤田田問起總裁改變心意的原因時，總裁在電話那頭感慨萬分地說道：「我今年已經五十八歲了，再兩年就要退休，論年齡，我是你的二倍，論收入，我是你的三十倍，可是直到今天，我的存款卻還沒有你多，光是這樣，我就自歎不如，敬佩有加了。我敢保證，你會很有出息的。年輕人，好好幹吧！」

美國科學家哈里·弗斯特克曾經說過一番值得當成座右銘的話：「人生就像一場演奏會，就算你的琴絃斷了一根，你還是要想辦法以剩下的三根絃，繼續把自己的樂曲演奏完。」

唯有為自己的未來埋下一顆希望的種子，持續不斷地施肥灌溉，才有歡呼收割的機會。

在關鍵時刻表現出自己的骨氣與堅持，別人便會為這種氣勢打動，更不得不心服。

堅持到底所得來的幸福，猶如辛勤耕作所得的豐碩果實，滋味特別甜美。藤田田為自己的夢想所付出的努力，終於得到了回報，他聰明地營造出自己堅毅不拔的形象，而且堅持到底、努力不輟，為自己預備了一筆可觀的籌碼，在重要的關鍵時刻，發揮了最大的效用，得到貴人相助。

想要得，得先捨。沒有付出，又如何能奢望得到收穫呢？藤田田能做到的，你我一定也能，就看我們能不能也有這樣的勇氣與決心。

只有聰明的人，才懂得動腦筋

做個聰明常動腦的人，別讓自己在日復一日的重複與等待之中，消磨了鬥志與衝勁，與許許多多的機會擦身而過。

行動，才有可能得到理想的結果，聰明的人懂得動腦筋，分析事理，大膽決策、佈局，然後穩定行事，步步爲營。

唯有冷靜地去發現問題、分析問題，才能尋找出最恰當的解決方法。

在茫茫職海中，不管是事求人，還是人求事，想要得到最登對的配對，除了運氣與緣分之外，不要忘了要動點腦筋，唯有如此才能讓自己得到更多機會。

十六歲的佛瑞迪打算在暑假裡找一分工作，這樣一來就不用為了花用而向父親伸手要錢。

於是，他在「事求人」廣告欄上仔細尋找，找到了一個適合他專長的工作。廣告上載明，應徵者必須在第二天早上八點鐘到達四十二街的辦公大樓。於是，八點鐘不到，佛瑞迪就到了那兒，但在他前頭已有二十個男孩排在那裡，他只是隊伍中的第二十一名。

怎樣才能引起特別注意而競爭成功呢？

這是佛瑞迪的問題，他應該怎樣處理這個問題，才有機會能脫穎而出？當一個人下定決心真正思考的時候，總是會想出辦法的。佛瑞迪拿出一張紙，在上面寫了幾個字，然後整齊折好，走向秘書小姐，恭敬地對她說：「小姐，請妳馬上把這張紙條轉交給妳的老闆，這非常重要。」

當然，秘書小姐可能會說：「算了吧，小夥子。你回到隊伍的第二十一個位子上等吧。」

但是她沒有，她直覺眼前的這名男孩，神情舉止散發出一種自信的特質，不像只是一位普通的男孩，於是把紙條收下。

她看了男孩寫的紙條，不禁微笑了起來，立刻站起來，走進老闆辦公室，把紙條放在老闆的桌上。

老闆看了也跟著大聲笑了起來，紙條上寫著：「先生，我是排在隊伍中的二十一位應試者佛瑞迪，在你沒有看到我之前，請不要做出決定。」

最後，佛瑞迪果然得到了這分工作，因爲他靈活的想法與舉動，充分地引起老闆的注意，而臨場的表現穩重妥切，工作機會自然手到擒來。

「大膽的見解就好比下棋時移動一個棋子，它可能被吃掉，但它卻是勝局的起點。」這是德國哲學家歌德的名言。

故事中的佛瑞迪有勇氣行動來突顯自己，讓人無法忽視他的存在，即使在他面前的二十名應徵者都各擅其場，他也成功地在老闆心中留下了深刻的印象，讓他多了一分競爭籌碼，能夠與別人一較長短。

厚臉皮，有時也是一種氣勢的表現。臉皮夠厚，八風不動，自信滿滿的氣勢，或許看來膽大狂妄，但也達到了讓人無法輕忽的目的。

遇事切莫驚慌，慢下腳步，動動腦筋仔細思索，一定能據此做出正確的判斷，而後只要積極行動，就能順利解決問題。

做個聰明常動腦的人，別讓自己在日復一日的重複與等待之中，消磨了鬥志與衝勁，與許許多多的機會擦身而過。

卑微，也是一種成功的手段

溝通的模式有千百種，唯有靈活運用智慧，看準時機，善用方法，才能胸有成竹地完成任務。

挺拔的大樹和柔韌的小草比較起來，的確是大樹威嚴強勢多了，但一旦颶風襲來，大樹卻往往難逃摧折的命運，反倒是看來柔弱不堪的小草，順風匍匐，得以保全了自己。

其實，人生也是如此，強者不一定每次都能夠順利成功，硬碰硬的結果，很可能是兩敗俱亡，對誰都沒好處。卑微，在必要的時候，其實也可以是一種成功的手段。

愛因斯坦以提出相對論的理論而名聲大噪，但生活仍一如平日般樸實的他最討厭出鋒頭，面對接連不斷的作家採訪或畫家繪像的要求，一概予以拒絕。

但是有一次，他卻改變了態度。

那一天，一位畫家前來請求為他繪製畫像。愛因斯坦照例以一貫的態度快速地回絕道：「不，不，我沒有時間。」

「但是，不瞞您說，我非常需要畫這幅畫所得的錢啊。」畫家表情懇切地拜託說。

「喔，那就是另外一回事了，」愛因斯坦改變了態度：「我現在就可以坐下來讓您畫像。」

愛因斯坦是一位極重原則與個人隱私的學者與科學家，生性淡泊、不喜熱鬧、討厭記者，以及絕不多話的特色，幾乎和他對於科學的執著鑽研態度齊名。

但是，這名畫家卻能突破心防，使得愛因斯坦改變初衷，坐下來讓他畫肖像。

因爲，這位畫家掌握了愛因斯坦心慈的一面，善用了自己弱者的形象，於是輕鬆地達到目的。

每個人自然而然地會對比自己弱小的對象放下心防，或許伸出援手，或許緩下毒手，因爲狠不下心。

因爲，有弱者的存在，才能突顯強者。這個世界不可能人人永遠都當強者，所以，有時候示弱並不算丟臉，而是一種高明的心理戰術。

吹捧有兩種方式，一種是哄抬別人，一種是壓低自己的姿態，後者就是善用弱者的形象，是爲了達到目的的手段。

溝通的模式有千百種，唯有靈活運用智慧，看準時機，善用方法，才能胸有成竹地完成任務。

何必管別人怎麼說？

輿論集合了群眾之力，真的攻無不克，面對這些亂七八糟的所謂「輿論」，你又何必當真呢？

每個人都有好奇心，但是一旦自己成爲好奇的焦點時，其實並不是太好玩，同樣的問題回答了一千遍，煩都煩死了，不是嗎？

有時候難免會想，電視上的種種新聞事件，眞的每一件都是我們想知道的嗎？眞的都是我們必須知道的嗎？

輿論其實是相當可怕的。

約翰和喬治兩個人正在打賭。約翰對喬治說：「如果我送你一個鳥籠，讓你掛在房裡，那麼你很快地就會買隻鳥回來。」

喬治不信：「養鳥多麻煩啊，我肯定不會買。」

於是，約翰便刻意去寵物店買了一個漂亮的鳥籠，讓喬治掛在客廳中最引人注意的地方。結果，只要有人走進喬治的客廳，就會問他：「喬治，你的鳥什麼時候死了，怎麼回事？」

「我從來沒養過鳥。」喬治回答。

「那你要這個鳥籠幹嘛？」朋友都不免奇怪地看著喬治。

時間久了，連喬治自己都覺得好像有什麼不對，好像自己眞的缺少愛心，對動物漠不關心……喬治最後終於受不了，便去買了一隻鳥，放入那個漂亮籠子裡，因爲他發現，這比永無休止地向大家解釋要簡單得多。

有一個頻繁出現的廣告，大批媒體記者圍在一幢公寓下，追問著某屋主爲什麼十年不肯換窗簾？

大家咄咄逼人的詢問，只見被問到的屋主夫婦一臉有理說不清的表情，接著還有專家接受訪問，表示他們正在研究「為什麼人們不肯把老窗廉換掉的原因」。

看了這個廣告，大家是否會心想，如果自己是那對夫婦，一定馬上把窗廉換掉，以免被無聊的閒人煩死？這和喬治最後不得不買回一隻鳥，以求杜絕攸攸之口換得耳根清淨，其實有著異曲同工之妙。

大家之所以會有這種反應，其實就是太在意輿論的力量，認為一人一口口水，就能把你淹死！

輿論集合了群衆之力，眞的攻無不克，殊不見許多被媒體披露的事件，SNG立刻連線現場報導，立刻召集官員、民代或所謂的專家現場叩應討論等等，過多的「關注」，往往讓許多當事人避無可避。

資訊的開放與進步，大衆「知」的權利得以伸張，但是，如果只是譁衆取寵，挾輿論的力量濫用新聞力，甚至由媒體們費心製造新聞，就顯得過渡浪費新聞資源了。

面對這些亂七八糟的所謂「輿論」，你又何必當眞呢？

03

一隻手也能打造夢想

只要還有一隻手、還能動，
就能打造自己的夢想，
我們不想要孩子成為弱者，
或許就該試著從平日教育開始。

一隻手也能打造夢想

只要還有一隻手、還能動，就能打造自己的夢想，我們不想要孩子成為弱者，或許就該試著從平日教育開始。

人面臨低潮的時候，總不免要尋求別人的幫助，如果別人伸手拉了一把，或許就能出現轉機。

但是，我們應該要小心謹慎，這一招不要太常使用，因爲有時候弱者當久了會成爲習慣。

如果，只要遇到問題，不論大事小事都自然而然地希望別人伸出援手，那麼，不知不覺就變成眞正的弱者了。

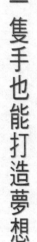

一個失去右手的乞丐，晃蕩著空空的袖子，來到一處院落，打算乞討一些食物或小錢。

可是，應門的女主人卻毫不客氣地指著門前的一堆磚塊對他說：「你幫我把這磚搬到屋後去吧。」

乞丐生氣地說：「我只有一隻手，妳還忍心叫我搬磚。不願給就不給，何必捉弄人呢？」

女主人並不生氣，俯身只用一隻手拾起一塊磚，搬了一趟，然後對乞丐說：「並不是非要兩隻手才能幹活。我能做，爲什麼你不能做？」

乞丐怔住了，看著婦人，尖突的喉結像一枚橄欖上下滑動了兩下，一句話也說不出來。終於，他彎下身子，用他那唯一的一隻手搬起磚來。一次只能搬一塊，花了整整兩個小時，他才把磚搬完，累得氣喘如牛，臉上佈滿了灰塵，一頭亂髮被汗水濡濕了，歪斜地貼在額頭上。

他再回到門前向女主人交差，女主人話不多說，遞給乞丐一條雪白的毛巾。

乞丐接過去，很仔細地把臉和脖子擦一遍，只見白毛巾一下子變成了黑毛巾。

女主人接著遞給乞丐幾張鈔票。

乞丐接過錢，很感激地說：「謝謝妳。」

女主人說：「你不用謝我，這是你憑自己力氣掙得的工錢。」

乞丐說：「我不會忘記妳的，這條毛巾請留給我作爲紀念。」說完，他深深地鞠一躬，踏上原本的路途。

過了幾天，又有一個乞丐來向女主人乞討，女主人同樣把乞丐引到屋後，指著磚堆對他說只要把磚搬到屋前就給錢。但是，這位雙手健全的乞丐卻鄙夷地走開了。

女主人的孩子不解地問：「母親，上次妳叫乞丐把磚頭從屋前搬到屋後，現在妳又叫乞丐把磚從屋後搬到屋前。妳到底想把磚頭放在屋後，還是放在屋前？」

女主人說：「磚頭放在屋前和屋後，對我們來說都一樣，可是搬不搬對乞丐來說可就不一樣了。」

若干年後，一位穿著很體面的人來到這個庭院。他西裝革履，氣度不凡，唯一美中不足的是，這個人只有一隻左手，掛著一條空蕩蕩的衣袖，一晃一晃的。

這個人俯下身用一隻獨手拉住已垂垂老矣的女主人說：「當初如果沒有妳，我還是個乞丐，現在我是一家公司的董事長。」

婦人已經記不起來他是哪一位了，只是淡淡地對他說：「你是靠自己才成功的。」

獨臂的董事長要把婦人連同她一家人遷到城裡去住，過好日子。婦人說：「我們不能接受你的照顧。」

「爲什麼？」

「因爲我們一家人個個都有兩隻手。」

董事長傷心地堅持著：「夫人，妳讓我知道了什麼叫人，什麼是人格，那幢房子是妳教育我所應得的報酬！」

婦人終於笑了：「那，你就把房子送給連一隻手都沒有的人吧。」

有人將七〇年代出生的孩子稱之爲水蜜桃，因爲他們細嫩、脆弱，禁不起絲毫的碰撞。

但是，這樣的論調引起那些七年級生的強烈不滿，他們認爲他們之所以會成爲水蜜桃，是他們的父母造成的，何苦既種水蜜桃又怨水蜜桃。

父母親對孩子呵護備至，卻受到孩子這般的埋怨，不禁要大嘆父母難爲，暗怪孩子自私不懂爲他人著想，非但不肯認錯還振振有辭。

其實，孩子會有這樣的感受，也不是沒有原因，爲人父母的確應該思索，在教育子女的過程中，自己是否眞的給了孩子正確的觀念？

孩子習慣了由父母爲他們做足任何事，連美勞作業也要爸爸媽媽幫忙，生物標本也要爸爸媽媽去找，如果每一件事爸爸媽媽都做好了，那他們該做些什麼呢？

他們的學習其實已經被剝奪了，因爲作業的本意不在於一分完美的作業，而是要在過程之中有所收穫。

於是，我們養出了無能脆弱的孩子，我們的辛苦都成了白忙與痛心。

故事中的乞丐明白了只要還有一隻手、還能動，就能打造自己的夢想，如果我們不想要孩子成爲弱者，或許就該試著從平日教育開始。

不用害怕別人潑冷水

夢想是來自於自己內心的想望，是自己希望達成的目標，所以實在不必在意他人的眼光，好高騖遠又如何？

英國哲學家培根對於堅持與決心，有過這樣的看法，他說：「在策劃一件大事時，必須預見艱險，而在實行中卻必須無視艱險，除非那危險是毀滅性的。」

這番話告訴我們，要做大事，要成就大夢想，首先必須要有勇氣挑戰權威，要有毅力化阻力爲助力。

自己的夢想，在別人的眼中，有時或許不切實際，或許好高騖遠，於是當頭潑來了一桶又一桶冷水。但是，如果我們有足夠的熱情，終究能靠著自己的毅力去具體實現。

曾經有這麼一位出身貧窮但不怕「冷水」的青年，以築夢的熱情實現了他的人生夢想。

蒙提．羅伯茲在聖思多羅有座牧馬場，他經常出借寬敞的住宅讓慈善機構舉辦募款活動。

在一次慈善活動中，他受邀致詞時提到一個故事：「這故事跟一個小男孩有關，他的父親是位馬術師，小男孩從小就必須跟著父親東奔西跑，一個馬廄接著一個馬廄，一個農場接著一個農場地訓練馬匹。」

由於經常四處奔波，使得男孩的求學過程並不順利。中學時，有一回老師叫全班同學寫報告，題目是「長大後的志願」。

他洋洋灑灑寫了七張稿紙，細細敘述他想要擁有一座屬於自己的牧馬農場的偉大志願，還畫了一張二百畝農場的設計圖，上面標有馬廄、跑道……等等位置。然後，在這一大片農場中央，他還打算建造一棟佔地四千平方英呎的豪宅。

他花了好大心血把報告完成，但兩天後他拿回了報告，只見第一頁上打了一個又紅又大的F，旁邊還寫了一行字：「下課後來見我。」

滿懷疑惑與不安的他，下課後帶著報告去找老師，忍不住質問：「爲什麼給我不及格？」

老師神情嚴厲地說：「你年紀輕輕的，不要老是做白日夢。你既沒錢，又沒家庭背景，什麼都沒有。蓋座農場可是個花錢的大工程，你還要花錢整地、買純種馬匹，更得花錢照顧牠們。你別太好高騖遠了。」

老師接著又說：「你如果肯重寫一個比較不離譜的志願，我會考慮重新評判你的報告。」

男孩回家後反覆思量了好久，給終沒有辦法下定決心，左右爲難的他決定徵詢父親的意見。

他的父親聽了，只是告訴他：「兒子，這是非常重要的決定，你必須自己拿定主意。」

再三考慮好幾天後，他決定交回原稿，一個字都不改。他態度堅決地告訴老師：「即使拿個大紅字，我也不願放棄夢想。」

蒙提面對參與活動的衆人說：「我提起這故事，是因爲各位現在就坐在這座二百畝大的農場內，坐在佔地四千平方英呎的豪華住宅中。而中學時所寫的那分報告，我至今還留著。」

他頓了一下又說：「更有意思的是，兩年前的夏天，那位老師曾帶了三十個學生來我的農場露營一星期。離開之前，他對我說：『說來有些慚愧，你讀中學時，我曾潑過你的冷水。這些年來，我也對不少學生說過相同的話。幸虧你有毅力堅持自己的夢想，才有今天的成就。』」

美國幽默文學大師馬克·吐溫曾豪氣地這麼說：「人生在世，絕不可能事事如意。因此，遇見了什麼失望的事情，你也不必灰心喪氣；你應該當下個決心，想個法子爭回一口氣來才對。」

他就是這麼身體力行自己的想法。

夢想是來自於自己內心的想望，是自己希望達成的目標，所以實在不必在意他人的眼光，好高騖遠又如何？

該考慮實行的可能性與所將面對的困難等等，都是夢想者自己的事，旁人實

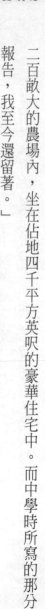

在無從置喙，也無須多言。

像蒙提．羅伯茲對於自己的理想做了如此具體的計劃，已經不能算是一場夢幻的空中樓閣了，儘管那位老師是站在務實的角度，提出自己的意見，但也不須堅持要學生順著自己的想法而大潑冷水。

要潑別人冷水輕而易舉，要支持別人的夢想，卻難如登天。世事變化無窮，未來會如何，沒人可以準確預知，喜歡譏諷別人的人，最後的難堪又豈止是慚愧而已，更是突顯了自己毫無大志。

擁有夢想，並且有勇氣挑戰環境，努力去實現自己夢想的人，才會是最幸福的人。

隨時儲備你的知識存款

增加知識觸角的廣度與深度，是百利而無害的，因為你永遠不能確定，今日的某項新知會不會成為未來的主流思想。

慶幸與後悔，在我們的人生之中不斷地循環著，因爲，在我們自怨自艾的諸多可哀可嘆的事情當中，最悲哀的，就是我們沒有好好地利用某一次的機會。

曾經有過這麼一個寓言故事，雖然帶有一點宗教色彩，卻充分地說明了「預備學習」的重要性。

有天晚上，一群遊牧的旅人正準備紮營休息時，忽然一束強光當頭罩下。他們知道，這代表著神蹟將要出現了，於是滿懷熱切的期待，靜靜等待著來自上天的重要訊息。

不久，神的聲音出現了：「盡力收集鵝卵石。把它們放在你們的鞍袋裡。再旅行一天，明晚你們會感到快樂，同時也會感到懊悔。」

這些遊牧的人聽完了神諭，都感到有些失望。他們期待的是神能揭示偉大的宇宙眞理，幫助他們創造財富，帶來幸福或健康、快樂，誰知卻被吩咐去做這麼一件卑微而無意義的事。

然而，這是神的指示，他們並不敢抗命，於是，各自撿拾了一些鵝卵石放在鞍袋裡，雖然心裡並不怎麼高興。

走了一天路，當夜晚來臨，開始紮營時，他們發現鞍袋裡的每一顆鵝卵石都變成了鑽石。他們果然因爲得到鑽石而高興，卻也因沒有收集更多的鵝卵石而感到後悔。

我們當然明白，機會是稍縱即逝的，但還是不免會感嘆：「要是早知道就好了。」

只不過，這只是事後諸葛的論調，說再多也是枉然，僅僅徒增沮喪傷心的感受。既然事情已過，想不到，就別再費事多想了。

我們可以做到的是，儘量去儲備多一點的智慧能源，增加自己的知識存款，清明自己的心智，以便讓自己更容易判別機會是否來到，更容易去掌握運用。

曾經有人高喊學習無用論，然而在這個資訊爆炸的時代，似乎有點不切實際。畢竟，我們周遭有太多未知卻主導我們生活的事物，如果眞的什麼都不學，是很難生活下去的。

當整個社會已陷入了電子革命，如果再不把握機會學習相關的使用常識，說不定到時候連上街買東西都成問題。

保持學習的態度生活，才不致於會太快被社會淘汰。增加知識觸角的廣度與深度，是百利而無害的，因爲你永遠不能確定，今日的某項新知會不會成爲未來的主流價值。

盡力彌補自己造成的錯誤

誠心誠意地解決問題，這樣的負責態度是銷售過程中極為重要的一環，也是客戶服務的真諦。

德瑞莎修女說：「我們都是人，都容易犯罪。只是要注意，不要讓你的犯罪成為壞習慣。」

的確，人非聖賢，孰能無過，我們無法苛求自己成爲一個永不犯錯的完人，但我們卻應該明白，我們必須爲我們曾經犯下的過錯眞心彌補，將傷害降至最低。

一天下午，在日本東京小田急百貨公司，售貨員彬彬有禮地接待了一位採買唱機的美國女顧客，成功地銷售了全新的新力牌唱機。

事後，售貨員清點商品庫存時發現，自己竟錯賣了一個空心唱機貨樣給那名女顧客。他立即請公司客服中心協助尋找那位女顧客，但為時已晚，那名女顧客早已不見蹤影。

銷售經理接到報告後，認為事關顧客利益和公司信譽，非同小可，馬上召集相關人員進行補救措施。他們彙集了種種所能得到的資料，卻只知道那位女顧客名叫基泰絲，是一位美國記者，還有她留下的一張「美國快遞」的名片和交貨單。

靠著這僅有的線索，小田急百貨公司公關部連夜在茫茫人海之中尋找基泰絲的蹤影。

首先他們打電話，向東京各大飯店查詢，結果一無所獲。後來，又打國際長途電話，向位於紐約的「美國快遞」總公司查詢，直到深夜才接到回話，得知基泰絲的父母在美國的電話號碼。

好不容易才找到了基泰絲的父母，進而打聽到基泰絲在東京的住址和電話號碼。幾個人整整忙了一整夜，一共打了三十五通緊急電話。

第二天一早，小田急百貨公司的公關部經理打了一通道歉電話給基泰絲。幾十分鐘後，小田急百貨公司的公關副理和提著大皮箱的公關人員，來到了基泰絲的住處。兩人進了客廳，一見到基泰絲就深深鞠躬，表示歉意。他們除了送來一台全新的唱機之外，還加送一張著名唱片、一盒蛋糕和精緻毛巾作為道歉。

這名副理向基泰絲說明了他們對於發生了這樣的錯誤深感抱歉，為了及時糾正這個失誤，如何通宵達旦地查到她的住址及電話號碼。

基泰絲深受感動，她坦率地說她買這台唱機，原是準備作為送給東京外婆的見面禮，但當她打開唱機打算試用時，卻發現唱機沒有裝上機心，根本不能使用。當時，她火冒三丈，覺得自己上當受騙了，立即寫了一篇題為《笑臉背後的眞面目》的批評稿，並準備第二天一早就到小田急百貨公司興師問罪。

沒想到，小田急百貨公司糾正失誤如同救火，光為了一台唱機，就花費了這麼多的精力。於是，她撕掉了那份批評稿，重寫了一篇題為《三十五次緊急電話》的特寫稿。

《三十五次緊急電話》見報之後，獲得了熱烈的迴響，小田急百貨公司因一心為顧客著想而名聲鵲起，門庭若市。後來，這個故事還被美國公共關係協會推薦為世界性公關的典型範例。

一個小小的疏忽，就可能將公司長久苦心經營的形象付之一炬，如果沒有這三十五通電話，小田急百貨在百貨界的信譽便將因此而蒙上陰影，付出的代價將更難計算。

誠心誠意地解決問題，這樣的負責態度是銷售過程中極爲重要的一環，也是客戶服務的眞諦。

雖然實際上和客戶進行交易的是售貨員或業務員，但是對客戶來說，他是和整個營業體系交易，也是和品牌交易。所以，當錯誤發生，客戶所追究的不會是只有那一位售貨員或業務員，而是會怪罪整個公司。

更可怕的是，不好的傳言往往如星火燎原般地一傳十、十傳百，很快便不可收拾了。

現在的銷售法則，強調的不再只是產品的優劣及行銷的談話術，售後的客戶服務逐漸佔有一席之地，有時對客戶來說，售後服務反而更勝前者，因此也更加重視。小田急百貨就是掌握了這項原則，以誠信眞摯的態度，贏得了顧客的信任。

充滿信心才唬得了別人

唬人不過是個權宜之計，能及時充實自己才是上上之策，否則哪天被人拆穿了西洋鏡，可就糗大了。

只要唬人之前先做好功課，其實就不算是誇大其辭，因為，當你把別人唬得一愣一愣的時候，別人反而會被你的這番氣勢嚇得不知所措。

所以，在關鍵時刻，氣勢上絕對不能示弱，但也不能咄咄逼人，表現出自己絕佳的自信與當仁不讓的氣度，就踏上了成功的第一道階梯。

同樣的問題，同樣的答案，回答者在表現方法上不同的時候，就會有不一樣的結果！

在某家科技公司的面試場合裡，主管端坐桌前，應徵者排隊在門外引頸等候，等候與主管面試對談的機會，每一個問題都攸關著錄取與否，個人的臨場反應與表現都是面試的重點。

每個應徵者進入後，面試主管都會問：「你對電腦懂多少？」

大部分應徵者都回答：「懂一點，我在學校學過，房間有一台電腦……還有……」

面試主管聽了，便面無表情地喊著：「下一位！」

只有一位應徵者這麼回答：「嗯，那要看是哪一種電腦了。一般的超級掌上型的單晶片時間脈衝輸出電腦比較簡單，我小學時候常常使用它的解譯編碼作業流程。至於多功能虛擬實境模擬器就複雜得多，不過我曾經完整測試過許多靜態資料儲存單元。長大後，我對於復頻道超高頻無線多媒體接收儀器開始產生興趣，每天晚上都會追蹤特定頻道的資料。至於傳統的電腦，我手下的一位工作夥伴，經常在我的監控之下進行主儲存的單晶體與磁化資料存取之間的信號交換。」

面試主管聽了，終於露出笑容：「下星期一開始上班。你的配車在地下二樓，附車位，這是鑰匙……」

儘管很多時候，我們會在這個不景氣、不如意的環境遭遇挫折，但是無論如何，仍得對自己充滿信心，因爲，我們絕對可以透過調整自己的心境，望見屬於自己的美麗星星。

自信及適當的表現自己，都是成功的重要因素。

故事中，大部分應徵者的回答相當不得體，也突顯了自己根本不懂電腦的弱點，只是呆呆地將自己所知道的東西說出來，完全看不出他們對這個工作有所期待，甚至看不出有任何想要爭取到這分工作的誠意。

反之，這個被錄用的人雖然與大部分人所知無異，但是從他的言行舉止上來看，可以知道他強烈的想要這分工作，也學習了不少有關的知識，因此懂得以專業用語去包裝尋常的事物。

肥缺誰都想佔，就看有沒有本事去搶得先機，短短的幾分鐘面試時間裡，唯一要說服的對象就是負責遴選人才的主考官，能夠成功地得到主考官的認同，機會就如同囊中之物了。

俄國文豪契訶夫這麼說過：「只要你說話有權威，即使是撒謊，人家也會信你的。」

當你滿口專業術語，別人一定不會馬上察覺你是個繡花枕頭，反而會認爲你對這個行業有著相當的認知，相對地比較起來，自然比一問三不知的人來得強一些，也就奪得了部分優勢。

只是，唬人不過是個權宜之計，就算因此得到工作的機會，更要能及時充實自己才是上上之策，否則哪天被人拆穿了西洋鏡，可就糗大了，豈止面子，連裡子都掛不住。

幫助最需要幫助的

如果一百隻羊裡，走失了一隻，主人會急著到處尋找的，不正是走失的那一隻嗎？

作家愛默森曾說：「莠草是什麼？它是一種還沒有被發現優點的植物。」

愛默森會這麼說，主要是來自他的朋友奧爾科特，一位不屈不撓的教師。他執著地認爲從來沒有可以被歸爲「壞孩子」或「笨蛋」的人，無論在表面上如何不友善或沒有希望，都是因爲人們缺耐心或沒有去發掘表面下優點的意願。

所以，在奧爾科特的教室裡，從來沒有「莠草」。

曾經有一位名聞天下的智者，廣收來自各地的門徒百餘人。在智者的教誨之下，弟子們修身養性、習文練武，大家都很珍惜這難得的教育機會，大多刻苦研習，不時虛心請教，以求自己的實力能獲得提昇。

但是，其中也有特例，就有一名學生總是不守規矩、不服管教，我行我素，整天只知道吃喝玩樂，經常和其他同門發生衝突，因此，大家對他都沒什麼好感。

幾年之後，智者門下的弟子幾乎都習有一技之長，智者因材施教的美名更爲遠播。但是，那個冥頑不靈的傢伙依舊渾渾噩噩，鎮日招惹是非，盡是打擾他人學習的作爲。

最後，大家都受不了了，於是一票弟子群聚一起來向智者告狀，並請求智者開除這顆老鼠屎。

但智者並不理會，只是回答：「不行，我要收留他。」

弟子們聽了都氣得不得了，甚至威脅：「您要是仍把那個壞蛋留在這裡，我們可要集體離開了。」

但智者仍堅持自己的態度，告訴學生們說：「你們都學有所長，可以獨自去闖盪了。」

幾天後，弟子們果然紛紛離去。

十幾年後，這名最頑劣的弟子終於修成正果。

智者太偏心了嗎？爲什麼他寧可放棄一百多個優秀學生，也堅持要扶起這個阿斗？

試想，如果一百隻羊裡，走失了一隻，主人會急著到處尋找的，不正是走失的那一隻嗎？智者的智慧就在於他選擇幫助最需要幫助的。

當所有的門都對他緊閉，只有智者知道要爲他打開了一扇窗。其他的弟子已經習得了足以照顧自己的能力，而這名弟子卻仍需要智者的開釋，才能走出自己的桎梏。

如果連智者都排拒他，那麼世間只將多添一個迷失的靈魂，增加一個潛藏的社會危機。

奧爾科特就是這樣一名智者，因爲他深深明白，如果未曾澆灌，希望就沒有成長的可能。

一句信任勝過千句警告

教學的確就像大禹治水一般，要靠疏通引導而非一味防堵，才能引導孩子慢慢流向浩瀚學海、樂於學習。

英國教育學家洛克說：「兒童對於稱譽是極敏感的。他們覺得被人家看得起，尤其是被父母及自己依賴的人看得起是一種歡樂。……這種辦法如果堅持下去，功效一定比威嚇或鞭撻大得多。威嚇鞭撻如果用得太多，便會失去力量，如果羞惡的心情不跟著來到，就沒有用處。」

凡事只想到處罰與責難，或許能讓孩子一時間感到害怕，但時間一久，他們也會漸漸變得不以為意，甚至毫不在乎或以種種方法掩飾逃避，並不能讓他們眞的對事情本身有所覺悟。

中學學校的大門又被踢破了。那道可憐的門，自裝上的那天起，幾乎沒有一天不挨踢。學校裡那群十五、六歲的少年，正是頑皮好動的年紀，用腳開門，用腳關門，早成爲他們習以爲常的行爲。

學校訓導主任爲此實在傷透了腦筋，門上張貼過五花八門的警示標語，最後連什麼「足下留情」、「我是門，我也怕痛」……諸如此類的哀求也出籠了，可是，全都不管用。

大廳門被踢破的那一天，訓導主任向校長建議：「乾脆換成大鐵門好了，他們腿上不是長著無影腳嗎？那就讓他們去碰碰鐵製的東西吧！」

校長笑著說：「放心吧，我已經訂做了最堅固的門。」

很快，舊門被拆下來，新門被裝上去。新裝的大門似乎挺有「人緣」，裝上以後居然沒有挨過一次踢。

孩子走到門口，總是不由自主地放慢腳步。陽光隨著門扉的開啓與閉合而不停地旋轉。穿越它的時刻，少年的心也感到了愛與被愛的欣幸。

那是一道晶亮的玻璃門。

這道門怎能不堅固，它捧出一分足金的信任，把一個易碎的夢大膽地交到孩子們手中，讓他們在美麗的憂懼中學會了珍惜與呵護。他們因爲知道玻璃易碎，出入便會多加小心，當然不敢過於粗魯；如果裝上的是大鐵門，可能非但日日挨踢，說不定還有人打賭究竟誰可以先把厚厚的鐵門踢破呢！

但是，若能以合理的溝通態度，讓孩子感受到你願意以平等信任的方式來對待他，尊重他是一個有行爲能力的個體，他也將能明瞭自己所應肩負的責任。

正如校長的做法，引導孩子自己去覺察事情的是非對錯，對於種種規則他們也就樂於遵守，因爲他們已能體會其中利弊。

當然，在訂定規則之前，必須先以孩子的角度去思考，體會他們的感受，便不會讓他們因爲感到受壓迫而興起反抗心。

教學的確就像大禹治水一般，要靠疏通引導而非一味防堵，才能引導孩子慢慢流向浩瀚學海，樂於學習。

影響人生最巨的家庭教育

教育的源頭其實是該由家庭開始，父母有義務教育自己的子女成為一位良善的社會人。

著名的教育大師裴斯塔洛齊曾經如此提到對家庭教育的看法：「道德教育最簡單的要素是『愛』，是兒童對母親的愛，對人類積極的愛。這種兒童道德育的基礎，應在家庭中奠定。兒童對母親的愛，是從母親對嬰兒的熱愛及其滿足於身體生長需要的基礎上產生的。」

德國的哲學家黑格爾也說：「兒童時期，人必須要生活在為父母所愛和所信任的環境中，理念也必然要在他身上表現為特有的主觀性。在幼年時代，母親的教育尤其重要，因為倫理的原則必須作為一種感覺在兒童心靈中培植起來。」

以上說明了以前的教育家和哲學家，就已認爲奠定兒童教育的基礎就是家庭教育，而其中母親的角色特別受到重視。

率領法蘭西軍隊橫掃歐洲的拿破崙，就某種角度上來說，可以算是一位理想家與實踐者。

他也深明家庭教育的重要性，因此在建立波旁王朝統治歐洲之初，就將家庭教育納入他的建國統治綱領之中。

有一次，拿破崙與貢龐夫人談論教育問題時談到：「傳統的教育看來似乎一無是處，爲了使人們受到良好教育，究竟我們還缺少什麼呢？」

「母親。」貢龐夫人回答說。

這個回答深深地打動了這個叱吒歐洲的法國皇帝。

「不錯！」他說：「在母親這個名詞裡，確實包含著一種教育體制。那麼，就請您費心，務必要培養出知道怎樣教育自己孩子的母親。」

一對好父母，除了能提供孩子一個遮風蔽雨的溫暖巢穴，同時也給予他們一雙能夠展翅高飛的羽翼。

蕭伯納曾經這麼說：「人類能對國家及族群所做的最大貢獻，便是建立一個完整的家庭。」

可見得，家庭環境對於兒童成長的影響是多麼的深遠。

在從前，母親似乎就是家庭教育的唯一教師，但現在，父母雙方對於孩子的教育，則都肩負了同樣的責任。

我們不應該輕忽孩子童年的這一段黃金時期，根據許多研究指出，年幼時得到父母充分關愛的孩子，對於自己的將來顯得較有自信。

至於孩子的道德教育和品德培養，更是要從小做起，許多童年時養成的壞習慣，如果沒有及早糾正，很容易根深柢固，長大後難以革除，嚴重的話，更可能終生受害。

一直以來，每一個家族都有自己的一套生活哲學傳子傳家，甚至有許多治家格言傳世，雖然其中有些並不符合時代的需求，但是，本質上還是有許多很清楚的教育目標，希望家族子弟爲人良善、循規蹈矩，値得我們借鏡的。

許多人將社會的亂象歸咎於教育體制的失敗，但我們似乎應該從頭反省，教育的源頭其實是該由家庭開始，父母有義務教育自己的子女成爲一位良善的社會人，而不應一味將所有的責任推給學校、推給老師。

唯有父母與師長攜手合作，目標一致，方向一致，這麼一來，才能將孩子導向正的路途上去。教育，從家庭做起，這將是現代父母的新責任。

04

寬容，才能贏得敬重

一旦發生了誤會別人的過錯，

最容易使受委屈的人，

悄悄地心懷傲恨，

以一千夜的猜疑來培養不和的種子。

人生最大的幸福就是使人幸福

當我們學會關心週遭的人、關懷生活居住的環境、關切社會的演進……，其實，這就是一種心智的躍昇。

其實，人與人之間，有時眞的就如同泰戈爾所說：「似海鷗與波浪的會合，我們相會，我們親近。也似海鷗的飛去，波浪的盪開，我們分離。」就是那分奇妙的緣分牽引著我們。當我們已身不匱乏的時候，能夠推己及人，將自己的幸福傳遞出去，哪怕只是綿薄微力而已，都有可能爲他人帶來幸福。

美國海關有一批沒收的自行車決定拍賣。

拍賣會上，每次叫價的時候，總有一個十歲出頭的男孩喊價，而且總是以「五塊錢」開始出價，然後眼睜睜地看著自行車被別人用三十、四十美元買去。

拍賣會中間休息時，拍賣員覺得好奇，便問那個小男孩：「爲什麼不出較高的價格來買？」

男孩回答說，他只有五塊錢。

拍賣會繼續進行，男孩還是在每輛自行車開始拍賣的時候，提出相同的價錢，然後又被別人用較高的價錢買了去。後來，聚集的觀衆開始注意到那個總是首先出價的男孩。

眼看拍賣會就要結束了，只剩一輛最棒的自行車，車身光亮如新，有多種排檔、十段式變速器、雙向手煞車、速度顯示器和一套夜間電動燈光裝置。

拍賣員問：「誰出價？」

只見站在最前面、幾乎絕望的小男孩輕聲說：「五塊錢。」

拍賣員停止唱價，停下來站在那裡。所有在場的人都看著這個小男孩，沒有人出聲，沒有人舉手，也沒有人喊價，直到拍賣員唱價三次後，他大聲說：「這輛自行車賣給這位穿短褲白球鞋的小夥子！」此語一出，全場鼓掌。

小男孩拿出握在手中的五塊錢，買了那輛最漂亮的自行車，臉上露出燦爛的笑容。

用五塊錢買一輛全新的自行車，聽來像是天方夜譚，但是在這個拍賣會場裡，由於每個人心中的仁慈發酵了，那種想爲別人做些什麼的想法聚合在一起，釀成了一罈幸福的美酒；小男孩的笑容，就像香醇濃郁的酒汁，溫暖了在場的每一個人。

瑞士作家阿米耶魯，曾經在他的日記中這麼寫道：「使他人幸福，才是真正的幸福。」這是因爲，我們曾經投入，所以分外感受快樂，幸福的感覺就會在心中油然而生。

有位哲人說：「被人關心是很幸福的，而有餘力來關心一切，正表示自己的胸懷千里。」

當我們學會關心週遭的人、關懷生活居住的環境、關切社會的演進……其實，這就是一種心智的躍昇。

不要當面給人難堪

當面給人難堪並不是什麼值得稱許的事，反倒是以同理心的態度為他人著想，才是真正令人敬重的修養。

看到一個人踩著了香蕉皮因此滑了一跤，你是會捧腹大笑，還是會過去扶他一把？

大文豪海明威的哲學是：「千萬別譏笑不幸的人」。別人的困窘和不幸，都不是一件可笑的事，至少不該由旁人來笑，因爲那是他個人的事。

二次大戰時期，萊德勒少尉服役的美國海軍砲艇「塔圖伊拉」號停泊在重慶。這天，他興致勃勃地參加當地舉辦的一種碰運氣的「不看樣品的拍賣會」。

那位拍賣商是以惡作劇而聞名的，所以拍賣一個密封的大木箱時，在場的人都肯定箱裡裝滿了石頭，然而，萊德勒卻開價三十美元。

拍賣商隨即喊道：「賣了！」

萊德勒打開木箱，裡面竟是兩箱威士忌酒，那在戰時的重慶來說，是極為珍貴的酒。

於是，衆人大譁，那些犯酒癮的人甚至願意出價三十美元買下一瓶，卻都被萊德勒回絕了。他說，他不久要被調走，正打算將這箱酒用來開一個告別酒會。

當時，在重慶的美國著名作家海明威也犯了酒癮，聞訊來到「塔圖伊拉」號砲艇，對萊德勒說：「聽說你有兩箱醉人的美酒，我想買六瓶，你要什麼價格？」

萊德勒想了一想說：「好吧，我用六瓶酒換你六堂課，教我成為一個作家，如何？」

海明威做了個鬼臉，笑道：「老兄，我可是花了好幾年功夫才學會幹這行，這價格可夠高的。好吧，成交了！」

如願以償的萊德勒連忙遞上六瓶威士忌。接著的五天裡，海明威不失信用地給萊德勒上了五堂課，萊德勒很爲自己的交易感到得意，因爲他只以六瓶酒就得到美國最出名的作家指點。

海明威眨眨眼說：「你眞是個精明的生意人。我只想知道，其餘的酒你曾偷偷灌下多少瓶？」

萊德勒說：「一瓶也沒有，我要全留著開告別酒會用呢！」

海明威有事要提前離開重慶，萊德勒陪他去機場，海明威微笑道：「我並沒忘記，這就給你上第六堂課。」

在飛機的轟鳴聲中，海明威說：「在描寫別人前，首先自己要成爲一個有修養的人……」作家接著說：「第一要有同情心，第二能以柔克剛，千萬別譏笑不幸的人。」

萊德勒說：「這與寫小說有什麼相干？」

海明威一字一頓地說：「這對你的生活是至關重要的。」

正在向飛機走去的海明威突然轉過身來，大聲道：「朋友，你在爲你的告別酒會發請柬前，最好把你的酒抽樣檢查一下！再見，我的朋友！」

回去後，萊德勒打開一瓶又一瓶酒，發現裡面裝的全是茶。他這才明白海明威早就知道了實情，卻隻字未提也沒有譏笑的意思，依然遵諾踐約。

此時，萊德勒才懂得一個有修養的人的涵義。

如果要貶低別人，才能得到自我的價值認同，那麼這個人的心必定是不美的，是醜惡的。

人類學家艾胥利．蒙塔古相信：「教育的主要目的是教導學生成為一個具有愛心，懂得關懷別人的人。……這點是可以證明的，如果不在『心』上面下功夫，那麼無論在智力上做了多少訓練，教育功能還是不彰的。結果可能造就一位得了文憑，學富五車，卻是冷酷無情的人。」

當面給人難堪並不是什麼值得稱許的事，反倒是如海明威般，以同理心的態度爲他人著想，才是眞正令人敬重的修養。

請為愛你的人保重自己

家人之間的一切，其實是緊密相連的。家人的愛，是支持，是鼓勵，益發地彌足珍貴。

仔細想想，生活之中有哪些我們在乎、深愛的人，一直在我們身後默默地支持我們？行事處事的時候，我們有責任要好好保護自己，莫要做出親者痛、仇者快的憾事，因爲你並不是一個人，別讓愛你的人爲你傷心難過。

一九八六年九月二十二日，芝加哥市警察傑伊．布隆基拉在逮捕毒販時，不幸中槍殉職。

事後不久，同樣服務警界多年的肯恩．納普席克下班回家時，發現十五歲的女兒在餐桌上留了一張紙條。

裡頭附了一首詩，還寫著：「爸爸：這首詩是我的肺腑之言。我很愛你，因此，每天你爲了供養我們而出去冒各種危險時，我都既害怕又驚慌。我寫這首詩，是要表達我對你的深愛，並且讓你知道，如果沒有你，我會多麼失落。女兒羅拉。」

羅拉的詩，題爲「最好的警察」，是獻給「世界上所有值得女兒全心相愛的警察，特別是我爸爸」。

詩的內容講述一個警察的女兒看電視夜間新聞，看到她父親遭受槍擊時心中的感受，詩中句句眞摯情感流露，令人動容。

詩裡面有幾句說：「爸爸，我的爸爸，你聽得到我哭嗎？啊，老天爺，我需要我爸爸，請別讓他死！」

納普席克獨自站在那裡讀詩，久久不能言語。

「我花了幾分鐘才讀完，」他說：「我總是讀幾句就必須停住，過一會兒才能繼續讀下去。我一面讀，一面哭泣。她以前從沒有告訴我她感到相當害怕。」

第二天，他把詩帶回警察局與共同出生入死的同伴分享。事後他說：「我一輩子都沒有見過那麼多大漢落淚，有些人甚至無法把詩讀完。」

納普席克一直把女兒的詩放在制服的口袋裡，每天離家去上班時，都把它帶在身上。

「我不想值勤時身上沒帶著它，」他說：「我大概永遠都會帶著它。」

家人之間的一切，其實是緊密相連的。

羅拉很清楚父親的工作是為社會服務，因為如果沒有人以性命相搏打擊犯罪，社會上將有更多家庭遭逢危險。但是，誰又願意讓自己的親人深入險境呢？所以，她只能默默支持，即使她只能躲在家裡輕聲哭泣，默默祈禱父親能夠平安無恙。

家人的愛，是支持，是鼓勵，益發地彌足珍貴。對於納普席克來說，這就是他繼續努力奮鬥的最大支柱。

因爲他了解了女兒的感受，所以在他値勤的時候，絕不會莽撞躁進，會好好的保護自己，遠離危險；爲了不使家人擔憂，他將不會任性妄爲，毫無準備地輕易讓自己置身險境。

以行動傳遞溫情

當你得到陌生人的幫助，就有如得到了這個社會的幫助，自己存在這個愛的地方中，就必須有著相同的責任。

作家張曉風說：「如果你曾被家人所愛，你已了解那分美好，把你所承受的愛分給別人！如果家人不曾愛你，你懂得那分辛酸，那麼，更試著去愛那些不曾被愛過而無限辛酸的人吧！」

將我們的愛傳遞出去，做我們所能做的，一個人傳給二個人，二個人便可傳給四個人。

以此類推，我們便可將愛傳給無數需要關愛的任何人，如此一來，這社會便處處有愛、有關懷。

不久以前，一個初到印度出差的外國人，剛到孟買機場下了飛機，打算到寄存行李櫃檯領回自己的行李，卻發現自己忘了更換印度錢幣，服務員又堅持不肯收旅行支票，令他既生氣又焦急。

這時，在他身旁的一位陌生人主動替他付了寄存行李費，還說不必計較該還給他多少錢。

那名外國人感激莫名，堅持要報答這名陌生人爲他解窘的恩惠，但那名陌生人只是搖著頭，告訴他一個關於梅農的故事。

有一個名叫梅農的人想在政府機關找分工作，但是他剛抵達新德里的時候，所有的財物便在火車站被人偷光。

他進退維谷，於是向一位年老的錫克教徒訴說他的苦處，希望能借到十五盧比暫時應急，承諾一找到工作就還錢。

那人把錢借給了梅農，但硬不肯給出自己的姓名和住址，只是說：「施恩的是一個陌生人，接受施恩的也該是一個陌生人。」

梅農終身不忘這筆債，後來以行善出了名。

這名陌生人說完了故事，解釋說：「我父親是梅農的助手。」

從一位不知名的錫克教徒到一名印度公務員，再到他的助手，再從助手到他兒子，然後到一個當時狼狽萬分的外國人，雖然所贈有限，但是心意遠遠超過錢的數額。

無條件得到一個陌生人的幫助，這個感動及溫暖會遠遠大過得到一個認識的人幫助。

而且，這種溫暖的感覺，常常會讓人身心都感到非常的震撼，忍不住想應該怎麼樣把這樣的感動傳出去，所以，這樣正面的波動就會很自然的傳送了出去。

爲什麼呢？因爲一個陌生人對一個人來說，就等於一個社會的代表，當你得到陌生人的幫助，就有如得到這個社會的幫助，心中自然覺得這個社會是個有情有愛的社會，自己存在這個愛的地方，就必須有著相同的責任。

有一個秘密是我愛你

作家雨果說：「人生至高的幸福，便是感到自己有人愛；有人為你是這個樣子而愛你，更進一步說，有人不問你是什麼樣子，仍舊一心愛你。」

是與非，對與錯，其實都沒有絕對。深愛一個人，自然就能包容對方的缺點，喜愛對方的優點。十五世紀的法國學者拉羅什富科就曾經這麼說過：「人在愛著的時候是寬容的。」

有時候，規勸、批評和默默付出，其實都代表著一個秘密，那就是我愛你，而你也愛我。

在丹麥歷史上，有一對很有名的科學家兄弟，哥哥尼爾．波耳是位物理學家，個性外向，相當健談；至於弟弟哈洛．波耳則是數學家，生性內向，拙於言辭。

兄弟倆年輕的時候，有一天，哥哥尼爾建議兩個人玩個互相揭短的遊戲，他覺得這樣子會很好玩。

弟弟哈洛說：「喔，那我可做不到！」

哥哥說：「只是好玩嘛，難道你不想讓我快樂嗎？」

弟弟只好說：「你先說！」

哥哥開始批評弟弟：「你總是口齒不清，不愛說話，沒有人知道你的細心、你的關懷……好了，現在你可以損我了！」

弟弟還是笑著平靜地說：「我做不到！」

哥哥急了，便說：「你講話不算數！」

弟弟這才「嗯嗯」地開了口：「哥……哥，你的衣領上有一根線頭。」邊說邊幫他拿掉。

這便是弟弟拙於言辭的力量，他的言行樸素而充滿深情。

法國作家雨果曾說：「人生至高無上的幸福，便是感到自己有人愛；有人因為你是這個樣子而愛你，更進一步說，有人不問你是什麼樣子，仍舊一心愛你。」

每個人都有自己的優點，當然也有缺點，行為處事的態度也各不相同。就好像故事中的波耳兄弟，兩人無疑是截然的對比，但是他們唯一的共通點就是深愛彼此。

哥哥之所以對弟弟毫不留情地批評，不正是代表著哥哥心中對弟弟的擔憂與關懷？

而弟弟當然也明白哥哥所說，但是他不需要因此而費心去改變自己，只要持續以自己的方法去敬愛哥哥就好了。

波耳兄弟擁有令人稱羨的兄弟情誼，希望你我也能擁有。

姑息，只會增添更多遺憾

姑息與隱瞞，並不能改善任何事，有時候甚至會給自己找麻煩招致更多的遺憾。

個人自掃門前雪，並不代表個人就能置身事外、隔岸觀火，因爲，大家都生存在同一個空間裡，是在互相影響的情況下生活的，每個人都和群衆有關係，每個人也都有義務要爲社會的美好盡一分心力。

這並不是誰該付的責任，也不是交給誰來處理就好，而是要從每一個人自身做起。

一名留學生剛到國外不久，一天因為一個華人朋友開的餐廳店裡有兩個僱員臨時有事請了假，所以前去幫忙。快要關門結束營業時，突然闖進兩個搶匪，用槍指著他和朋友，把櫃檯中的錢洗劫一空。

搶匪一走，他立即打電話報警，奇怪的是，朋友反而勸他算了，讓他感到十分不解。

朋友說：「過一會兒你就知道了。」

警察果然迅速地趕到了。一位精明幹練的白人警察步入店內，詢問他們事發經過。他一五一十地把經過描述了一番，但警察卻只是在小本子上隨便記了一番，便開車走了。

朋友說：「自認倒楣吧，不會有結果的。」

這位留學生並不相信，因為當地警察的認眞及效率是很有口碑的，他不明白為什麼朋友會如此悲觀呢？

但後來事情果然不了了之，原來，剛開始遇上此類情況時，華人必定積極報案，警察也認眞地處理，可臨到需要證人出庭做證時，華人往往害怕報復而不願出庭，就這樣讓警察的努力前功盡棄。時間長了，當地警察對華人的類似小案件便應付了事，而罪犯也就專門搶劫華人開設的商店了。

人往往會有多一事不如少一事的想法，但是這種想法，就給了壞人、壞事絕處逢生的機會，猶如死灰復燃，春風吹又生。

正如同故事中的情節，不只對警方來說功虧一簣，不能打擊犯罪；對華人來說，更是暴露了自己的弱點，親自把把柄交到罪犯手上。姑息養奸，就是給自己找麻煩，應該設法改正這種不正確的心態。

姑息與隱瞞，並不能改善任何事，有時候甚至會招致更多的遺憾，這次搶匪只拿了現金，他日你又如何知道他不會食髓知味，甚至要你付出更多代價。

英國首相艾德禮曾經說過：「我們不能在自己的家裡製造天堂，而把地獄摒諸門外。」

因爲不論願意與否，我們都與別人息息相關，因爲我們就是生存在同一個世界上，我們會一起上天堂，也會一起下地獄。

寬容，才能贏得敬重

一旦發生了誤會別人的過錯，最容易使受委屈的人，悄悄地心懷傲恨，以一千夜的猜疑來培養不和的種子。

日本企業家稻盛和夫曾說：「人生的道路是由心來描繪的。所以，無論自己處於多麼嚴酷的境遇之中，心頭都不應任由悲觀消極的想法縈繞。」

愈是睿智的人，愈有寬容的胸襟，一個寬宏大量的人，愛心往往多於怨恨，樂觀、忍讓的圓融個性，讓他成爲一個眞正聰明有智慧的人。

被人莫名其妙地栽贓嫁禍，是件令人難以忍受的事；屈辱與憤恨，都會讓人難以平心以對。

但是，爭辯與解釋眞的有用嗎？

在眞相水落而出之前，恐怕再多的說明都是越描越黑吧。

日本一代高僧白隱禪師，是一位生活純淨的修行者，相當受到鄉里居民的稱頌與尊敬。

有一對夫婦，在附近開了一家食品店，家裡有一個漂亮的女兒。不料，有一天夫婦倆發現女兒竟然未婚懷孕，這種見不得人的事，使得她的父母異常震怒！在父母逼問下，女孩起初不肯招認那個人是誰，但猶豫再三之後，終於吞吞吐吐說出「白隱」兩字。

她的父母怒不可遏地去找白隱禪師理論，大師不置可否，只若無其事地答道：「就是這樣嗎？」

孩子生下來後，就被送到白隱禪師居住的禪寺。

此時，白隱禪師雖已名譽掃地，卻不以爲意，非常細心地照顧孩子，當他向鄰居乞求嬰兒所需的奶水和其他用品時，不免橫遭白眼或是冷嘲熱諷，但他總是泰然處之，彷彿只是受託撫養別人的孩子一般。

事隔一年後，這位沒有結婚的媽媽，終於不忍心再欺瞞下去了，老老實實地向父母吐露眞情，其實孩子的生父是一名在魚市工作的青年。她的父母立即將她帶到白隱禪師那裡，向他道歉認錯，請他原諒，並將孩子帶回。

白隱仍然是淡然如水，沒有多做表示，也沒有乘機教訓他們，只是在交回孩子的時候，輕聲說道：「就是這樣嗎？」彷彿不曾發生過什麼事；即使有，也只像微風吹過耳畔，霎時即逝。白隱禪師超乎常人的「忍辱」德行，贏得了更多、更久的稱頌。

羅伯特．希耶爾曾無奈地說：「我們很容易誤會別人的言與行，相反的，一個人一定要非常圓滑，才能在一天忙碌的事務上免於冒犯別人。」

他還說：「一旦發生了這種過錯，最容易使受委屈的人，悄悄地心懷傲恨，以一千夜的猜疑來培養不和的種子。」

正因爲如此，紛爭益發猛烈，難以收拾。

白隱禪師面對別人的嫁禍栽贓，卻能泰然自若，摒棄這種人性的黑暗，淡然處世的情懷，眞不愧爲一代禪師！

想想，我們所遇到的挫折或恥辱，比起白隱禪師，又算得了什麼？

「就是這樣嗎？」那麼慈悲，那麼輕柔。那是恆久的忍耐化爲無形的堅毅，那是凡事包容化成無上悲憫。

「就是這樣嗎？」短短的一句話裡，其實蘊含了無限的慈悲與智慧。

愛要懂得及時表達

一句「我愛你」，一個溫暖的撫觸，都是我們能輕易做到的事，愛要懂得及時表達，人生就能減少許多遺憾。

身為一家人，關心彼此是很自然的事，為家庭付出也是正常的，但是適時的問候、偶爾的浪漫都是必要的，而不是等到母親節、父親節才來表達曇花一現的心意。

有一位婦人，辛辛苦苦地支撐著一個家，可是卻從未得到家人的任何感激。

有一天晚上，她問她的先生：「彼得，我常想，萬一我有一天死了，你會不會花一筆錢買花向我哀悼，你會嗎？」

「當然會啊！瑪莎，妳幹嘛問這個？」

「我只是在想，其實，到那時候，二十塊錢的鮮花對我而言，已經一點意義也沒有了。但是，當我還活著的時候，只要一枝鮮花，對我就很有意義。」

這位太太發出的感嘆，不也正是我們周圍每個人內心深處一再吶喊的心聲嗎？有時，只要一點點的付出，便能帶給別人莫大的希望和喜悅。那麼，你還等什麼呢？

你難道要等到你的心無法再愛，眼睛永遠無法再睜開，耳朵也永遠聽不到，才肯行動嗎？

曾經有一部電影〈玫瑰戰爭〉，內容敘述一對相愛而結合的夫妻，丈夫執著於工作，忽略了對妻子的關愛，久而久之，夫妻兩人竟似陌路人般沒有任何交集。

當妻子找尋到生活的新方向與新動力，做丈夫的才發現自己錯過太多，想挽回卻已爲時太晚，妻子對他已毫無情意了。

故事的結局，反目成仇的兩人玉石俱焚，妻子到臨終之前對丈夫的恨意仍絲毫未減。

人生的悲劇，又豈是一句悔恨能夠說得清的呢？

家人間的付出，常常會被認爲是應該的，就像電視上播放的一部感冒藥的廣告中，小男孩說著：「媽媽感冒了，不能照顧我們全家……」這樣的話聽在大多數身爲人母的耳中，恐怕是種很大的諷刺，就好像是並沒有人關心她的健康，大家在乎的只是她無法再繼續照顧其他人。

現在就行動，一句「我愛你」，一個溫暖的撫觸，都是我們能輕易做到的事，「樹欲靜而風不止」，倘若等到時間來不及之時才感到後悔，就無事於補了。

愛要懂得及時表達，人生就能減少許多遺憾。

孝親，莫要等到親不待

就算將父母的身後事辦得再盛大哀榮，都比不上在父母生前一句溫暖親切的問候來得受用。

雖然說兒孫自有兒孫福，但是爲人父母總是不免要爲自己的孩子擔心。有句話說：「兒行千里母擔憂」，就是要提醒出外遊子，莫要忘卻家中還有深愛自己的父母，在爲自己擔心煩惱，應該要時時與家人保持連繫，以免家人擔憂。

這是一個關於遊子與母親的故事。

很久以前，一位久未歸鄉的遊子，返家探親期滿，又準備再度離開故鄉，母親依依不捨地送他去車站。

在車站，兒子旅行包的扣帶突然被擠斷了，眼看就要到發車時間，母親急忙從身上解下褲腰帶，把兒子的旅行包紮好。

她解褲腰帶時，由於心急又用力，整個臉都漲紅了。

兒子問母親怎麼回家呢，母親說不要緊，慢慢走就行了。

多少年來，兒子一直把母親這條褲腰帶珍藏在身邊。

多少年來，兒子一直在想，他母親沒有褲腰帶，是怎樣走回幾里外的家。

子女必須以父母爲重，即使不能親身侍奉，也要做到不讓父母擔憂，不使父母蒙羞，這是爲人子女應盡的責任。

雖然時代變遷，現代人對於家庭的維繫，不像古代的人那樣強烈，但是孝睦尊長，仍應是不變的道理。

可惜，從現今社會上的種種現象來看，「老子孝順兒子」可是遠遠勝過「兒子孝順老子」。大部分的人都成了心甘情願爲孩子作牛作馬的「孝子」，我們是否忘了那生養我們、撫育我們的父母？

受人點滴都應該要泉湧以報了，更何況是父母如山重的無私恩情！當父母漸漸垂老，正是我們應該肩負責任的時候。

有位哲人說：「親情是人間最美的情感，因為那其中深涵著無限的包容、恆久不渝的體恤，和諄諄不倦的教導。」

如果你也認同，不妨就試著從別讓父母擔憂、讓父母高興開始。所謂「樹欲靜而風不止」，孝親更要及時，莫要等到親不待之時，才來後悔。因爲，就算將父母的身後事辦得再盛大哀榮，都比不上在父母生前一句溫暖親切的問候來得受用。

05

說話得體才能無往不利

懂得適時適地說好話，
才能得到預期的效果，
也才能運用話語的力量，
在人與人之間製造出減少摩擦的潤滑劑。

別被馬屁薰昏了頭

在享受恭維的同時，可別被薰得陶陶然，飄飄欲仙而忘了自己是誰，畢竟會拍馬屁的人，都是為了某種目的而來。

即使時代變遷，世事紛迭，馬屁文化仍舊歷久不歇。

爲了達成自己的目的，說句好聽的話吹捧吹捧對方，對自己沒什麼壞處，說不定能得到更多的好處，畢竟誰都愛聽甜言蜜語。

只是，當馬屁迎面而來的時候，你能夠把持住自己的立場和行事風格，不被薰昏了頭嗎？

在第二次世界大戰中，邱吉爾對於保衛英倫三島不受德軍侵犯，有卓越的功勳，也深受民衆景仰。

戰後，他退下首相之位，當時，英國國會原擬通過提案，爲他塑造一尊銅像，置立於公園內，讓民衆瞻仰致意。

一般人均將此視爲殊榮，高興還來不及，怎麼可能推辭？但是，邱吉爾卻笑著回絕。他對國會議員們說：「多謝大家的好意，不過，我怕鳥兒喜歡在我的銅像上拉屎，還是請免了吧。」

這就是邱吉爾的幽默，在玩笑之中婉拒了一群馬屁精的提議。

本來嘛，建座塑像有什麼實質的作用呢？

還不如將這些預算用在更有意義的事情上，比方設立爲戰後重建基金，受惠的人不是更多呢？

身分地位愈高的人，被拍馬屁的機會就愈高，而且拍來的馬屁也愈高明，但是，在享受恭維的同時，可別被薰得陶陶然，飄飄欲仙而忘了自己是誰，畢竟會拍馬屁的人，都是爲了某種目的而來，是不是眞心的恭維可就不得而知了。

雖然說要不要答應他們的要求，或是欠他們人情，選擇權是握在自己手上，但是對方可不會輕易地放棄呢！

要是遇到手段拙劣的馬屁精，拍得膚淺又沒拍到應拍的部位，那可就不是那麼令人愉悅的事了。

有的人馬屁被拍多了，難免會對自己的周遭產生懷疑，懷疑別人對自己的好是否都有不良意圖，疑神疑鬼之餘，反而有了許多無形的精神壓力，這又何苦來哉？

防範馬屁的第一守則，就是要保持鎭定，別人家才說了幾句好聽的話，就高興得飛上天。

如果別人虛情假意的恭維，讓自己感到不舒服，那麼就虛應一番，轉移對方的注意力，聰明的人一聽就明白，也就不會再窮追猛打。

至於少根筋的馬屁精，必要時就得嚴正地婉拒，讓對方明白自己的立場，才是釜底抽薪的最佳解決方案。

接納別人，才會被人接納

幫助別人，是一件很難的事，也是一件很容易的事；難的是要顧全對方的感受，容易的是只要真心願意，一個微笑也有極大的效果。

人生總有些無可奈何的事情發生，走在生命的谷底時，如果背後有人支持，或許就能鼓起勇氣，繼續向前行。

因此，如果我們有幸可以成為別人背後的支持時，不要吝惜伸出自己的手，或許這將改變別人的一生。

蘇珊是個可愛的小女孩，但是，就在唸小學一年級的時候，醫生發現她那小小的身體裡面竟長了一個腫瘤，必須住院接受三個月的化學治療。

出院後，她顯得更瘦小了，神情也不如往常那樣活潑了。更可怕的是，原先她那一頭美麗的金髮，由於化療的緣故，現在差不多都快掉光了。

雖然她那蓬勃的生命力和渴望活下去的信念，足以與癌症、死神一爭高低，她的聰明和好學也足以彌補上課時數不足而落後的功課，然而，頂著一顆光禿禿的腦袋到學校去上課，對於她這樣一個六、七歲的小女孩來說，無疑是非常殘酷的事情。

老師非常理解小蘇珊的痛苦。於是，在蘇珊返校上課前，她熱情而鄭重地在班上宣佈：「從下星期一開始，我們要學習認識各種各樣的帽子。所有同學都要戴著自己最喜歡的帽子到學校來，越新奇越好！」

星期一到了，離開學校三個月的蘇珊第一次回到她熟悉的教室，但是，卻站在教室門口，遲遲沒有進去。

她擔心，她猶豫，因爲她戴了一頂帽子。

可是，使她感到意外的是，班上每一個同學都戴著帽子，和他們那些五花八門的帽子比起來，她的帽子顯得普普通通，幾乎沒有引起任何人的注意。

一下子，她覺得自己和別人沒有什麼兩樣，沒有什麼東西可以妨礙她與夥伴們自在地見面了。

她輕鬆地笑了，笑得那樣甜，笑得那樣美。

日子就這樣一天天過去了。後來，蘇珊常常忘了自己還戴著一頂帽子，而同學們呢？似乎也忘了。

其實，只要出一點點力，甚至不會影響自己原本的生活，就可以達到幫助別人的目的，為別人帶來歡樂。

每個人的一點點，結合起來就有強大的威力，雖然蘇珊必須獨自面對可怕的腫瘤，但是現實對待她的態度，更會是殘酷的考驗；很幸運的是，她有這麼一群善良的師長與朋友，陪伴她一起面對困難。

因為與眾不同，所以奇怪；因為特立，所以獨行，這也是高處不勝寒的寫照。只有一個人沒有，會很奇怪；但大家都沒有，也就見怪不怪了。

蘇珊的同學，做到了真正的包容，做到了真正的接納，也因此為自己的朋友建立了信心，這是很令人感動的同學愛。

幫助別人，是一件很難的事，也是一件很容易的事。難的是要顧全對方的感受，容易的是只要眞心願意，一個微笑也有極大的效果。

眞心的包含，可以消除彼此的藩籬與隔閡，當你接納別人的同時，你也將爲別人接納。

四塊糖勝過一頓鞭子

治標不治本的處理方式，絕對無法博得孩子的認同，當然也就不能體認自己正在做錯事，長久之後，便更難以改正。

人都會犯錯，更何況人格、心靈尚未成形的孩子，在還沒摸清這個世界的所有規矩之前，犯錯是理所當然的。

教育的重點，無疑就在於如何讓孩子清楚地分辨是非對錯，懂得自我反省。唯有從內心去反省，才能在人格發展上發揮效用。

有位小學校長在校園裡看到一個學生用泥塊砸自己班上的男生，校長當場立即制止了他，並令他放學後到校長室去。

放學之後，校長回到校長室，那名學生已經乖乖站在門口等著挨訓了。

可是，一走進校長室，校長卻掏出一塊糖送給他，並說：「這是獎賞你的，因爲你按時來到這裡，而我卻遲到了。」

學生驚疑地接過糖。

隨後，校長又掏出一塊糖放到他手裡說：「這塊糖也是獎賞你的，因爲當我要你不再打人時，你立即就住手了，這說明你很尊重我，我應該獎賞你。」

學生顯得驚疑了，眼睛睜得大大的。

校長又掏出第三塊糖塞到學生手裡說：「我調查過了，你用泥塊砸那些男生，是因爲他們不肯遵守遊戲規則，還欺負女生。你砸他們，說明你很正直善良，有跟壞人爭鬥的勇氣，的確應該獎勵啊！」

學生不禁感動極了，他流著眼淚後悔地說道：「校長，你……你打我兩下吧！我知道錯了，我砸的不是壞人，而是自已的同學呀！……」

校長滿意地笑了，他隨即掏出第四塊糖遞過去，「這是爲你正確地認識了錯誤，我再獎賞你一塊糖，可惜我只有這一塊糖了，我的糖發完了，我看我們的談話也該完了吧！」

說完，就拍拍這位學生的肩膀，和他一起走出了校長室。

面對犯錯的孩子，一般的教育方式不外乎是嚴厲的責備及處罰，有時在情況不明的情形下，反而令孩子心中蒙上陰影，甚至故意做出更多惡劣的事作爲報復。一件事，看到的可能只是結果，我們卻往往會忽略前因後果之間的過程，因而有了偏差的判斷。

故事中的校長，從人性本善的角度去教導學生，以獎勵代替責備，以勸說替代處罰，反而促使學生反省自己的錯誤。

這個故事不啻告訴我們，爲人師長，應該針對每一個孩子的性格因材施教，才能找到對孩子最好的教育方法。

在當今社會裡，許多青少年做了錯事，多數的家長、老師不會去探討背後可能相關的原因，只會一味嚴厲責罵，卻造成更多的問題。

因爲，這種治標不治本的處理方式，絕對無法博得孩子的認同，他們當然也就不可能體認自己正在做錯事，長久之後，便更難以改正。

所以，有些時候在教育方式上，我們可以改變自己的心境和看事情的角度，或許更能夠讓下一代的孩子們去接受，並且瞭解其中的意義，達到更好的效果。

做好準備，才能迎接機會

你是不是能有這樣的信念，無論遭遇任何磨難，仍相信自己是最好的，擁有別人打不倒的自信心呢？

日常生活中，我們常說：「這個人性格開朗」，或說：「那個人很內向」，不論「開朗」或「內向」，都是自我表現的方式，也就是個性。

雖然個性會決定命運，但是，命運實際操之在我們手中。

在人生歲月裡，我們坐著等待機會的比率遠遠超過創造機會，當機會來到面前時，你是否已做好準備迎接它？還是默默與它擦身而過？

坦白說，你的態度與做法，決定了你的未來。

日本心理學大師多湖輝曾經舉了一個實際例子，說明掌握機會的重要。

一位朋友告訴多湖輝說：「我們公司現在急需一名職員，你那兒有沒有合適的人選？」希望多湖輝能夠爲他推薦一名合適的人才。

恰好，多湖輝有一位學生剛剛畢業，恰恰符合條件，便通知他去面試。

那天晚上，朋友的電話就過來了。原以爲是要通知學生錄取的好消息，豈料朋友竟說：「你的那位學生看起來能力不錯，人品也可以，可是我覺得他過於憂鬱陰沉，恐怕不好相處，所以決定不用他。」

一聽此話，多湖輝馬上聯想到這名學生確實有個缺點——平常說話老是細聲細氣，彷彿在喃喃自語，讓人聽不清楚。

多湖輝對朋友說：「你再給他一次面試的機會吧！他其實是個很開朗、很優秀的學生。」

朋友拗不過他，只好答應了。

經過多湖輝再三囑咐，那個學生試著在面試的時候說話大聲點，儘量將自己的想法陳述出來。結果，這次朋友的反應不一樣了。他說：「我覺得他好像並不那麼憂鬱了，也許第一次他是太緊張了。」

人生在世總要承蒙不少貴人相助，在一次又一次機會之中，一步又一步地向上爬。但是，正如我們前面所說的，當機會來到門前時，你是否已經做好準備等著迎接呢？

多湖輝就是這名學生的貴人，因爲這名學生的個性與特質，讓多湖輝發現這個工作機會，時第一個就想到他，如果這名學生沒有嘗試著克服自己性格上的缺點，就好像讓大好機會過門不入一般可惜。

「自信」對一個人的成就是很重要的。因爲，自信與否常會影響一個人的行爲表現。

有些時候，我們會在一些面試的場合裡看到，明明是相同學歷、相似經歷的兩個人，卻在表現上出現一個成、一個敗的結果，關鍵就在於兩個人對自己的信心不同。

一個對自己不夠有自信的人，在回答問題時常會表現得畏畏縮縮，彷彿對自己回答的內容也有所懷疑，給人的印象便是不夠穩定。反觀，一個充滿自信的人，便能充分表現自己的能力，因爲他相信自己可以把這件工作做得很好，說話便可以有條有理，給人的感覺就會是值得信任的。

兩相比較之下，前者便相形見拙，就算是擁有更好的學歷，也比不過後者，畢竟處事經歷大過學歷的實質效益。

你是不是能有這樣的信念，無論遭遇任何磨難，仍相信自己是最好的，擁有別人打不倒的自信心呢？

你能堅持多久，你的自信有就有多強，你的道路就有多長。

沒有多餘的慾望，就沒額外的痛苦

簡簡單單的生活，其實也是一種幸福；當物質上的享受需求降低了，也就表示不必花費太多的時間與精力去鑽營生活。

我們往往把需求和慾望劃上等號，也因此給了自己許多的壓力，帶來了許多無謂的煩惱與痛苦。這是因爲，「得到」換得而來的短暫快樂，很快就會被下一個「得不到」的沮喪取代。

希望得到愈多，所需付出的代價也就愈大。換言之，慾望不要太過，沒有多餘的慾望，就沒有額外的痛苦，能夠無欲無求，就能知足常樂。

居禮夫婦剛剛結婚之時經濟拮据，因此他們的會客室裡，只擺了一張簡單的餐桌和兩把椅子。

居禮先生的父親知道後，打算送他們一套家具，於是來信詢問他們需要哪些家具。

看完信後，居禮先生若有所思地說：「有了沙發和軟椅，就需要人去打掃，在這方面花費時間未免太可惜了。」

於是，居禮先生對新婚妻子說：「這樣好了，不要沙發，我們只有兩把椅子，再添一把怎麼樣？萬一客人來了，也可以有位置坐坐。」

「要是愛閒談的客人坐下來就不肯走，該怎麼辦呢？」居禮夫人不同意，提出反對意見。

兩人猶豫了一陣，最後決定婉謝父親的好意，不再添置任何家具了。

人性本來就是貪婪的，所以有人感慨地這種說：「人性是達到快樂境界的最大阻礙，因為我們必須不斷地和自己爭戰，才能得到快樂。」

然而，人類「不知足」的天性，卻也促使著我們不斷進步，不斷攀登更高境界。

怎麼說呢？就是因爲對現況不滿，才有追求嘗新的慾望，才有許多發明問世，我們生活中的種種事物，也才能日益精進。

現代舞大師瑪莎．葛蘭姆就曾說：「藝術家都不會被滿足。任何時間、任何事都不會有『滿意』這種狀態，只有費人猜疑、神聖的不滿足，它是一種祝福，督促我們更精進，活得更有生命力。」

雖然對現實不滿是我們求新求變的動力，但如果我們事事都不肯滿足，只會讓自己陷入痛苦的深淵，永遠無法快樂。

簡簡單單的生活，其實也是一種幸福；當物質上的享受需求降低了，相對的也就表示不必花費太多的時間與精力去鑽營生活，那麼就能有更多的空間去做自己樂意做的事。

打一場熱汗淋漓的籃球、啃完一本趣味盎然的小說鉅作、悠閒地睡上一個下午……這些都是能爲自己帶來快樂的事，何樂而不爲呢？

那麼，我們要如何滿足我們內心的「不知足」慾望呢？

居禮夫婦決定將彼此有限的時間與精力，投入追尋科學的奧秘之中，不讓現實的物質環境，干擾他們對實驗與研究的熱忱，將不滿足的天性應用在自己的工作之中。如此，既能感到快樂，又不會帶來無謂的痛苦。

這是個值得學習的生活態度，讓我們學會對物質知足，但追尋自己的理想與目標時，精神絕不滿足。

說話得體才能無往不利

懂得適時適地說好話，才能得到預期的效果，也才能運用話語的力量，在人與人之間製造出減少摩擦的潤滑劑。

幽默的話語可以怡情養性，也可以增添生活情趣。

不過，說話可是一門大藝術，話說得得體、說得漂亮，可以事半功倍，相得益彰，爲整體表現加分。但相對的，一旦話說得不好，則反而會招來反效果，不如不說。

大作家馬克．吐溫曾經收到一位文藝青年的來信。

這位年輕人初學寫作，除了在信中對馬克．吐溫表達欣羨、敬仰之意，還提出了一個問題請教馬克．吐溫。

「聽說魚骨裡含有大量有助於補腦的成分——磷質，那麼要成為一個舉世聞名的大作家，就必須吃很多的魚才行吧？不知您覺得這種說法是否符合實際？」

接著，他又問道：「您是否也吃了很多的魚，吃的又是哪一種魚呢？」

馬克．吐溫讀完這封令人哭笑不得的信，只簡單地回覆幾個字：「看來，你恐怕得吃下一隻鯨魚才行。」

如果這位讀者根本不是馬克．吐溫的書迷，而是要寫信來吐槽的，那就另當別論，不然，原本一封向自己喜歡的作家表達敬意的書信，最後卻落得作家冷冷回應，心中必定感到錯愕。

但仔細想想，為什麼馬克．吐溫讀了信，卻一點也不覺得高興，反而覺得有必要回信諷刺一番呢？

問題就出在那位讀者膚淺幼稚、用詞不當，縱使說者無心，但聽在聽者耳中，卻完全不是那麼一回事，誤會很難不產生。

特別是馬克．吐溫對於來信者又不熟識，當然沒有辦法考量對方是否沒有惡意。在不悅之餘，還能以幽默的態度來回敬，已經算是好修養了。

紀伯倫曾經這麼說：「幽默感就是分寸。」又說：「風趣往往是一副面具。你如能把它扯下來，你將發現一個被激惱了的才智，或是在變著戲法的聰明。」

懂得適時適地說正確的好話，才能得到預期的效果，也才能運用話語的力量，在人與人之間製造出減少摩擦的潤滑劑，處事圓融、說話得體、態度真誠，人際關係便能無往不利。

一味相信專家的人是傻瓜

只要你充滿自信，別人就會相信你。但是，所謂的自信並非自傲跋扈，而是不盲目依附他人。

英國政治家狄斯雷利說：「坦率是批評最燦爛的寶石。」

而法國作家蒙田則曾經如此說：「我們非常需要敏銳的耳朵，坦誠地聽取自我裁判。因為很少有人能忍受公開批評，敢於批評我們的人做的是最好舉動。」

這些話語都是勉勵我們應當虛心接受他人的批評，並且藉由別人的眼來修善自己的心。

但是，我們也不必對別人所說的都唯唯諾諾地照單全收，先冷靜聽完別人的批判後，細細審視自省，有錯就改，倘若認爲自己沒錯，也不必盲目地把對的改成錯的。

有個諷刺性笑話是這麼說的，仔細想想，我們的身邊何嘗不是充斥著這樣專門謾罵的人呢？

城市裡住著一個傻瓜，因爲大家都把他看成傻瓜，讓他感到非常苦惱。

有一天，城裡來了一位專門爲人解答人生困境的智者，於是，傻瓜便跑去向智者求助。

「你有什麼生命的困境呢？」智者問。

「我不喜歡別人把我看成傻瓜，請問有什麼方法可以讓別人把我看成是聰明人呢？」傻瓜說。

「這非常簡單，從現在開始，不管任何事情，你都給予最多、最無理的批評，特別是對那些美好的事情加以批評，七天以後，大家都會認爲你是聰明人了。」

「就這麼簡單嗎？那我該怎麼做呢？」

「例如，倘若有人說：『今晚的月色很美！』你就立刻加以批評，直到別人相信月色對人生無用爲止。倘若有人說：『生命中最重要的是愛！』你也要立刻加以批評，直到別人相信愛對人生一點也不重要。假若有人說：『這本書寫得很好！』你仍然要立刻加以批評，直到別人相信人生根本不需要書。」

於是，傻瓜就按照智者教導的去做，不管聽到任何事情，總是立刻跳起來胡亂批評，把他所知道的所有非理性的字眼都傾吐出來，直到別人相信他才停止。

七天之後，傻瓜前去探望智者，他的後面跟隨著一千多個門徒，對他畢恭畢敬，並且稱呼他爲「大師」。

到底誰是傻瓜？也許會相信這個故事的人就是傻瓜。

英國劇作家蕭伯納曾說：「有自信心的人，可以化渺小為偉大，化平庸為神奇。」

只要你充滿自信，別人就會相信你。但是，所謂的自信並非自傲跋扈，而是不盲目依附他人。

事先對自己的思緒論點想個透徹，克服所有的弱點和漏洞，當然就能有理有據、言之有物而不空泛；然後，再從別人的回應與辯論之中，虛心接受建議、不斷地修正改善，就能不爲眼前的假象迷惑。

眞理本來就是愈辯愈明的，如果只是單方面全盤接受，就會使自己成爲一味相信別人說法的傻瓜。

我們所要做的，或許就是傾聽、感受別人對我們的看法，誠實地檢討自己，進一步地了解自己，然後全力地發揮自己。

幼年經驗會牽動你的一生

你希望得到善的回報，還是惡的回報？在你做出任何決定、任何行動之前，都應該再深深地思索一番。

幼年時代的經驗，對於人一生的人格發展有著極為重要的影響，依據心理學家的研究指出，許多年幼的經驗或許我們已經沒有印象，但卻仍在潛意識裡影響著我們的生活。

這是一則令人發噱的故事。

一名交通警察在十字路口攔下一輛闖紅燈的汽車。

車裡的女士聲稱自己是小學教師，正趕著去上課，馬上就要遲到了，請求警察放她一馬。

「我很希望能得到您的諒解。」她說得相當抱歉。

這位交警聽了，嘴角上揚，露出微笑，說道：「太好了！這幾年來我一直在等，終於讓我抓倒一個不守交通規則的小學教師。妳給我過來！把『下次我不闖紅燈』七個字抄寫三百遍，我就不開罰單。」

說完，他又補充了一句：「這是我小學時就立下的志願。」

人可眞是會記恨的動物啊！你瞧！連小學時代被老師處罰的事，到現在都忘不了呢！

由此可見，童年經驗對我們的影響多深，特別是不好的經驗，有時候一生都會深蒙其害。

其實，不只是童年經驗，我們的人生中每一段歷程，都是與別人發生連繫與接觸產生的結果，我們不斷受別人的行為舉止影響，同樣的，我們的每個決定，也將對周遭發生影響。

因此，我們應該更愼重、更謹愼，因爲我們帶來的影響，最後一定會回報到我們自己身上。

如果期望未來會有好的發展，那麼最好由自己開始一個善的、美的、眞的循環。你希望得到善的回報，還是惡的回報呢？在你做出任何決定、任何行動，說出任何話語之前，都應該再深深地思索一番。

06

改變食古不化的想法

別把自己的腦子加上了大鎖，
多以開放的心來接納外界的訊息，
才能彼此互動，激盪出創意的火花。

改變食古不化的想法

別把自己的腦子加上了大鎖，多以開放的心來接納外界的訊息，才能彼此互動，激盪出創意的火花。

這個世界上有一種人，不會花言巧語，不懂得運用計謀，可能四肢發達，卻只知道直線思考。

很多人表面上說他們單純、天真，其實內心多半在嘲笑他們是「白癡」，然而，他們真的白癡嗎？真的一無是處嗎？難道那些嘲笑他們的人，就真的勝過他們嗎？

有這麼一個有趣的故事，可以讓我們檢討一下，這種不經意就會流露出來的優越感有多麼可笑。

某日，一位被衆人視爲白癡的人對天才說：「你猜，我的牙齒能咬住我的左眼睛嗎？」

天才盯著白癡看了幾眼，篤定地說：「絕對不可能啊！」

白癡說：「那，我們來打個賭！」

天才認爲這絕對是不可能的事，於是同意打賭，但只見白癡將左眼窩裡的假眼球取出丟進口中，用上下牙齒咬著。

天才嚇了一跳，說道：「沒想到，眞的可以呀！」

白癡又說：「那你信不信，我的牙齒也能咬住我的右眼睛？」

天才說：「不可能的！」他心想，難道這個傢伙兩隻眼睛都是假的？這絕對不可能，否則他就看不見東西了。

於是，兩人再次打賭，只見白癡輕易地把假牙拿下，往右眼一扣。天才再度吃驚了，「沒想到，眞的可以呀！」

你說，到底誰才是白癡呢？

其實，在這個社會上，對於白癡和天才的定義，有很大的雷同之處。

第一、他們的人數不多。

第二、他們都異於常人。

第三、有時候所謂的天才想法，在沒試成功之前，其實看來都很白癡；反之，很多白癡單純執著的舉動，最後卻能激發出天才的靈感。像愛迪生小時候就曾被視爲白癡，還讓家人擔憂了好一陣子，可見得天才和白癡只有一線之隔。

所謂天才的想法，有時候因爲太過驚世駭俗，超過凡人的想像太多，所以根本無法被接受，甚至遭到排斥，但究竟誰才是眞的白癡呢？

無法被人接受的點子，或是被人視爲天眞、愚蠢的想法，眞的毫無用處，只是浪費時間嗎？恐怕並不是如此吧。

保持一顆純眞、無往無染的心，以單純與開闊的態度來面對生活難題，並不丟臉。別把自己的腦子加上了大鎖，人類就是需要揚棄自己腦中食古不化的觀念，多以開放的心來接納外界的訊息，才能彼此良好地互動，激盪出創意的火花。

想成功，必須先行動

別只是羨慕別人外在的光鮮亮麗，卻忽略了他們背後努力打下的根基，想要獲得成功，就得動手去學，動手去做。

想要成功地抵達目標，最重要的事，就是要率先踏出第一步。沒有開始，奢談什麼未來？

大提琴手約翰．霍特談到他學習大提琴的過程時說：「大部分的人都說我是『學習拉大提琴』，這幾個字聽在我的耳裡，讓我覺得這整件事有兩個非常不同的過程：一、學習拉大提琴；二、開始拉大提琴。這表示我必須完成第一個步驟，才能繼續第二個步驟；也就是說，除非我學成出師，否則我永遠是在學習階段，談不上真正地演奏……」

其實，做任何事都只有一個過程，就是動手去學，掌握其中的要訣，這是邁向成功唯一的途徑。

宋朝著名的大慧禪師，門下有位弟子道謙參禪多年，卻始終無法開悟，爲此他感到非常苦惱。有一天晚上，道謙誠懇地向師兄宗元訴說自己不能悟道的苦惱，並且請求宗元幫忙。

宗元說：「我能幫你的，當然樂意之至，不過有三件事我無能爲力，你必須自己去做！」

道謙連忙問：「是哪三件？」

宗元說：「當你肚餓口渴時，我的飲食不能塡飽你的肚子，我不能幫你吃喝，你必須自己飲食；當你想大小便時，你必須親自解決，我一點也幫不上忙。最後，也是最重要的一點是，除了你自己之外，誰也不能馱著你的身子在路上走。」

道謙聽罷，心扉豁然開朗，因爲他感到了自我的力量，也決定善用自己的力量。

在職場中，許多人力資源專家都不斷地告誡剛出校門的新鮮人，態度是求職最重要的武器。

因爲，新鮮人缺乏實際的工作經驗，因此積極向前輩與長輩學習，是快速融入工作的不二法門。

有人更說：「新鮮人能穩定的在一份工作上認真學習，才能深入學習到這項職務的know-how，進而成為這個領域的專家。如果新鮮人只是在各個工作間變來換去，很容易一事無成，徒然蹉跎歲月。」

因爲，很多事情如果不是自己想追求、自己想得到，根本不能激發任何動力，以意興闌珊的態度去面對，別想成功會從天上掉下來。

別只是羨慕別人外在的光鮮亮麗，卻忽略了他們背後努力打下的根基，想要獲得成功，就得動手去學，動手去做；有開始，才有後來，這是不變的道理。

換掉不愛自己的腦袋

不貪慕別人的好，不嫌惡自己原有的一切，不苛責、不強求，我們的心才能自由，才得到真正的自在。

人，老是喜歡羨慕自己沒有的，就像叔本華所說的：「我們很少想到自己擁有的，卻總是想到自己沒有的。」

也就是因為這樣的想法，讓我們深陷於夸父追日的泥沼之中，掙脫不開、疲累不堪。

世間本無事，庸人自擾之；我們自己的煩惱和苦痛，往往是自己找來的。想要尋求解脫，就要從心開始，懂得「放開」。

學不會「放開」，我們就永遠無法掙脫「盲目執著」的命運，永遠無法雲淡風輕，笑看風月。

有這麼兩個人，一個是體弱多病的富翁，一個是活蹦亂跳、身體健康的窮漢，彼此羨慕著對方的狀況。

富翁宣稱爲了得到健康，樂意讓出他的財富，窮漢則爲了成爲富翁，隨時願意拋棄健康，但是，兩人卻苦無機會交換。

不久之後，一位聞名世界的外科醫生發明了人腦交換的方法，富翁趕緊提議要和窮漢交換腦袋。

如果他們換腦成功，那麼，富翁雖會變得一貧如洗，但他將能夠得到一個健康的身體；窮漢能夠得到富翁原有的財富，成爲一個富有的人，但他必須忍受病魔纏身的痛苦。

富翁不怕，因爲他自認自己腦袋不變，正所謂「千金散盡還復來」，總有辦法賺得到錢，失去的財富終究會回到手上。窮漢也不怕，因爲他最擅長的就是活動筋骨，再說有了錢就沒了煩惱，正所謂「無債一身輕」，總會心寬體胖的，完全礙不著事。

手術成功了。於是，窮漢成為富翁，富翁變成了窮漢。

過沒多久，成了窮漢的富翁由於有了強健的體魄，又有著成功的野心，漸漸地又積起了財富。但他始終因為賺錢而不知保重身體，又總是擔心這個、擔心那個，一點點小事便大驚小怪，久而久之，什麼毛病都跑出來了，於是他又變成一個有錢卻沒有健康的人了。

那麼，另一位新富翁又怎麼樣呢？

他總算有了夢寐以求的金錢，卻也有一個孱弱的身體，但是因為他始終沒學會賺錢的方法，雖然擁有一大筆財富，卻不斷地把錢浪費在無用的投資裡，應了「老鼠不留隔夜食」這句老話，沒多久錢便揮霍殆盡，又變成原來的窮漢。

可是，由於他「胸無大志」，一向無憂無慮，換腦時帶來的疾病竟不知不覺地消失了，又回復以前那樣一副健康的身子骨。

最後，兩個都回到了原點。

多此一舉，對吧！

在這個故事裡，富翁和窮漢雖然換得了自己所要的身體，但是他們眞正該換掉的是自己的腦袋，因爲唯一的阻礙就是他們自己，觀念不改，行事也就大同小異，怎麼可能會有不同的結局呢？

希臘哲學家亞里斯多德說：「有人問寫一首好詩，是靠天才呢？還是靠藝術？我的看法是：苦學而沒有豐富的天才、有天才而沒有訓練，都歸於無用；兩者憑該相互為用、相互結合。」

富翁和窮漢需要的，是正視自己的缺點，審視自己擁有的，學習從愛自己開始，放開那些不切實際的想望，因爲，正如孟德斯鳩所說的：「如果只想快樂，是很容易實現的，但想比別人快樂則難，因我們總以為別人的快樂較我們所有的多。」

不貪慕別人的好，不嫌惡自己原有的一切，不苛責、不強求，我們的心才能自由，才得到眞正的自在。

放心隨緣，生活隨喜

不對獲利有過高的期待，不對風險有過多的擔憂，那麼我們就能順其自然、輕鬆自在地享受「隨喜」的快樂。

很多時候，「急」只是一種心理假象，我們常常「爲急而急」，然後徹底地打亂了自己的生活步調。這個「急」字，是緊急，是焦急，也是急躁。但是，緊急的事情是不是眞的那麼重要，其實是很值得商議的，再說，匆忙求快的處理方式是不是能收到實效，也很值得多加思量。

如果不斷地處理看起來緊急，卻不見得要緊的事情，會不會反而把許多重要的事情輕忽了？急就章趕出來的成果，如果不能保障品質與實效，那麼就算做得快，又有什麼用處呢？

記得曾經聽過這麼一個饒富禪意的故事。

三伏天，禪院前的草地枯黃了一大片。

「師父，咱們快撒點草籽吧！光禿禿的，好難看哪！」小和尚說。

「等天涼了再說。」師父揮揮手，說道：「隨時吧！」

到了中秋，師父買了一包草籽，叫小和尚拿去播種。

秋風颯颯吹起，草籽邊撒邊飄。

「不好了！好多草籽都被吹飛了。」小和尚焦急地喊。

「沒關係，吹走的多半是空的，撒下去也發不了芽。」師父不以爲意地說：「隨性吧！」

撒完草籽，跟著就飛來了幾隻小鳥在地上啄食。

「要命了！草籽都被鳥吃了！」小和尚急得跳腳。

「沒關係！草籽多，牠們吃不完！」師父說：「隨遇吧！」

半夜裡下了一陣驟雨，一大早小和尚就衝進禪房大喊：「師父！這下眞完了！好多草籽被雨沖走了！」

「沖到哪兒，就在哪兒發芽！」師父說：「隨緣吧！」

半個多月過去了，原本光禿的地面居然長出許多青翠的草苗，連原來沒播種的角落也泛出了綠意。

小和尚高興得直拍手。師父點點頭：「隨喜吧！」

焦心與躁進，只會讓我們在處理事情的過程中，增添更多不耐與煩憂，影響當時的心情，影響事情的結果。過度的壓力，並不能達到激勵的效果，反而會扯自己的後腿。

還不如放慢自己的腳步，不要過度隨外在環境起舞，仔細地將事情區分出輕重緩急，按部就班地完成，才能眞正掌握品質與效率。

凡事當然都有獲利與風險，不對獲利有過高的期待，不對風險有過多的擔憂，就如同老師父所說的隨時、隨性、隨遇、隨緣，那麼我們就能順其自然、輕鬆自在地享受「隨喜」的快樂。

隨遇而安就不會做出錯誤判斷

生活豐盛與否，端賴你能否主動地活用智慧，是否願意積極投入；人生，真的就掌握在我們手中，端看我們如何經營。

在《東坡禪喜集》這本書裡，有好幾則蘇東坡和佛印兩人同台演出的有趣故事，表面上都像是佛印佔了上風。

在修行的路上，佛印確實勝過蘇東坡幾分，對於佛道有更深的體悟，但故事裡其實也顯露了蘇東坡對朋友寬容、虛心切磋求教的態度。也因爲如此，他們的友誼才能在詼諧吵鬧之中，益發堅定。以下就是發生在兩人之間的一則軼聞。

有一天，蘇東坡和佛印兩個人在杭州同遊，蘇東坡看到一座峻峭的山峰，就問佛印禪師：「這是什麼山？」

佛印說：「這是飛來峰。」

蘇東坡說：「既然飛來了，何不飛去？」

佛印說：「一動不如一靜。」

東坡又問：「爲什麼要靜呢？」

佛印說：「既來之，則安之。」

後來，兩人信步走到了天絲寺，蘇東坡看到寺內的觀音菩薩塑像手裡拿著唸珠，就問佛印說：「觀音菩薩既然是佛，爲什麼還拿唸珠，這到底是什麼意思？」

佛印說：「拿唸珠也不過是爲了唸佛號。」

東坡又問：「唸什麼佛號呢？」

佛印說：「也只是唸觀世音菩薩的佛號。」

東坡又問：「她自己是觀音，爲什麼要唸自己的佛號呢？」

佛印回答道：「那是因爲求人不如求己呀！」

「求人不如求己」的另一層意思是，自己就是最好的老師，就是一切智慧的源泉，不需向外追求。

佛印對生活領悟得很透徹，「一動不如一靜」，心思躁動，就不容易把事情道理想得清楚明白，「既來之，則安之」，冷靜下來，將周遭環境、前後因果掌握個確實，能夠隨遇而安就不會做出錯誤判斷。

「求人不如求己」，也是很重要的生活態度。的確，生活豐盛與否，端賴你能否主動地活用智慧，是否願意積極投入；事業上的成功，全憑你的努力和奮鬥；家庭美滿與否，全看你是否眞心付出，用愛經營；想要有多少朋友和知己，則要看你的誠懇和眞摯；想要得到幸福美滿的人生，自己就必須拿出眞心和努力。

有一句話說得很好：「如果你是鐵砧，靜靜地支住自己；如果你是鐵錘，儘量發揮自己。」

主動找尋出自己最合適的位置與角色，不要枯等別人的安排；既然決定了，就不再三心二意，冷靜發揮百分之百的力量，終究能引出別人百分之百的回應。

我們想要的人生，眞的就掌握在我們手中，端看我們如何去經營。

走出失敗挫折的泥沼

我們過度執著於有形的物質，就會忽略無形的力量，因而逃不出失敗挫折的痛苦泥沼。

美國知名的教育家兼作家海倫凱勒曾經這麼說：「雖然世界多苦難，但苦難總是能戰勝的。」

挫折總會在成功之前出現，想要成功地抵達目的地，就必須要有勇氣移去前方的所有阻礙。就好比開山闢路，總是要冒著風險炸開眼前的巨山，否則又如何能尋得一條前進的路徑？

一九一四年十二月，大發明家愛迪生的實驗室，在一場大火中化爲灰燼。因爲實驗室是鋼筋混凝土結構，按理說應該是防火的，因而愛迪生只投保了二十三萬八千美金的保險，但這次火災損失，經過實際估計，卻超過二百萬美金。

那個晚上，愛迪生一生的心血和成果，就在熊熊大火中化爲灰燼了。

大火燒得最兇猛的時候，愛迪生二十四歲的兒子查里斯在濃煙和廢墟中發瘋似地尋找著父親。最後，查里斯終於找到了，愛迪生平靜地看著火勢，他的臉在火光搖曳中閃亮，他的白髮在寒風中飄動著。

「我眞爲他難過，」查里斯後來寫道：「當時，他都六十七歲，已經不再年輕了，可是這一切卻付諸東流了。但他看到我時竟嚷道：『查里斯，你母親去哪兒了？去，快去把她找來，她這輩子恐怕再也見不著這樣壯觀的場面了。』」

第二天早上，愛迪生看著一片廢墟說道：「災難自有它的價値。瞧，這不，我們以前所有的謬誤、過失都給大火燒個一乾二淨，感謝上帝，這下我們又可從頭再來了。」

大火並沒有燒掉愛迪生的發明熱忱，火災才剛過去三個星期，愛迪生就開始著手推出他的第一部留聲機。

在旁人眼中或許是一片灰燼，但實際上，這卻是傳說中的浴火鳳凰，重生的時機。正如美國總統尼克遜所說：「命運給予我們的不是失望之酒，而是機會之杯。」

即使愛迪生擁有的有形物質如資料、器材等已經消失，但是所有的想法和步驟卻仍留存在他的腦中，隨時可以重新來過。那場大火代表的意義，不只是將錯誤火化紅蓮，而是意謂重獲新生、豁然開朗的喜悅。

有幾個人能如愛迪生一般樂觀豁達呢？

我們過度執著於有形的物質，就會忽略無形的力量，因而逃不出失敗挫折的痛苦泥沼。

西班牙作家塞萬提斯說：「對於過去不幸的記憶，成了新的不幸。」

逝者已矣，過往的就讓它隨風飄逝吧！只要重新整好自己的心情，就能重新向前邁步。

開懷大笑，抗憂減壓過生活

真正爬上金字塔頂端的人，往往是情緒管理與工作EQ一流，這樣的人才能夠不斷地自我調適，永遠談笑風生，冷靜自若。

現代人生活壓力太大，神經緊繃得過度，思緒狹隘過了頭，於是心理上的毛病一大堆。根據調查，保持心情愉快是長壽的秘訣之一，古希臘哲學家畢達哥拉斯就曾提倡每天唱歌、彈琴來消除憂傷和憤怒情緒。

可是，沮喪和憂鬱這些低潮，就像影子一樣始終存在，只要背對著光亮的時候就會出現，我們除了正面迎擊之外，光是逃避是沒有用的。所以，不妨把低潮的情緒視爲一種試煉，然後尋找積極的方法，打起精神從憂鬱中跳脫出來，自然就能脫離情緒低落的困境。

俗話說：「一笑解千愁」。笑，是對抗憂鬱的一帖良藥，嘴巴笑開了，心也會跟著開闊許多。

傳說中國古時候有位御史，由於長期憂國憂民而罹患一種精神憂鬱症，看了許多醫生，都未能見效。

有一次，他奉旨下鄉訪察民間疾苦，走到半途忽然發了病，地方官員得知後，隨即推薦一位當地有名的老醫生爲他治病。

醫生帶著藥箱前來，慢條斯理診脈之後，搖頭晃腦地說：「嗯，大人，您患了月經失調症。」

御史一聽，頓時大笑，認爲這個醫生老糊塗了。以後，他每想起這件事，就要大笑一陣，過了不久，他的病竟然自己好了。

過了幾年，御史又經過該地，想起那次診斷之事，特意前去找那位老醫生，想取笑一番。

老醫生笑著說：「其實，大人您患的是精神憂鬱症，沒什麼良藥可治，只有心情愉快，才能恢復健康，所以我故意說您患了『月經失調症』，讓您常常發笑，看看對病情有沒有什麼幫助。」

有事沒事多笑笑，只有好處，沒有壞處。放寬心情，我們將會發現很多問題其實沒有想像中的嚴重。過度鑽牛角尖，只會讓自己的路愈走愈窄，最後寸步難行，生活如何能不被陰影籠罩呢？

戴著黑眼鏡過日子，眼前什麼事都灰灰暗暗的，心情當然振奮不起來。故事中的那位老醫生，高明之處就在於他看出了御史病情的癥結所在；當御史因開懷大笑而將愁緒沖淡，入眼的事物也變得圓滿，憂鬱症自然不藥而癒。

漫漫人生之中，職場生涯可說是現代人壓力的主要來源之一，面對工作上的種種挑戰和人際之間的紛擾糾葛，如果不能適度地自我調適，很容易就會陷入情緒低落的迷宮之中，無法自拔。做事提不起勁，想得到什麼成就，可以說如同緣木求魚。

一般來說，在職場上用ＩＱ做事的人往往比用ＥＱ來得多，但眞正爬上金字塔頂端的人，往往是情緒管理與工作EQ一流，這樣的人才能夠不斷地自我調適，即使壓力再大，永遠是談笑風生，冷靜自若。

學習接受環境不可能盡如人意的事實，控制自己的情緒，進而管理他人的情緒；多微笑、常忍耐，一離開工作環境，就暫時先將工作上的所有事物拋開，聽聽音樂、悠閒散步、睡個好覺、看部電影，然後大聲狂笑或放聲大哭……適度將整個心放空，壓力也就會漸漸隨風飄散。

只要壓力不淤積，憂鬱自然不上門，生活也就會變得快樂、光明多了。

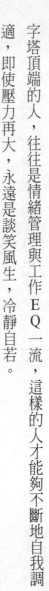

不需要想的，就別浪費精神

我們常常想得太多，該想的、不該想的全都丟進腦子裡，積壓過久，全成了疏通不開的煩惱。

再小的事，都會因爲太過在意而變得不可收拾。

有人這麼說：「如果我們被外物掌控住自己的七情六慾與心靈思想，那麼原本使我們幸福的東西，也會成為我們的枷鎖、痛苦的根源。」

思想，就像一把雙刃劍，控制不好難免會傷了自己，所以，適時讓自己的腦袋休息一下吧，無關緊要的東西，就別再想了。

很多事情，不想還沒事，一旦深入地去想，反而讓自己陷入一團混亂，徒增煩悶。

有一個上了年紀的老人，非常喜歡留大鬍子，臉上一把花白的鬍子，足足有一尺長。

有一天，老人在門口溜達，遇見了鄰居家的五歲小孩兒，小孩童言童語好奇地問他：「老爺爺，你這麼長的鬍子，晚上睡覺的時候，是把它放在被子裡面呢？還是放在被子外面的？」

老人竟一時語塞，答不上來。

到了晚上準備睡覺的時候，老人突然想起白天小孩子問他的話。他先把鬍子放在被子外面，但是怎麼樣都感覺很不舒服，於是又把鬍子拿到被子裡面，仍然覺得很難受。就這樣，老人一會兒把鬍子拿出來，一會兒又把鬍子放進去，整整一個晚上，始終想不起過去睡覺的時候，鬍子究竟是怎麼放的。

第二天天剛亮，老人就去敲鄰居家的門。

正好是小孩子來開門，老人生氣地敲了他一記，說道：「都怪你這小孩，沒事問我什麼怪問題，讓我一晚上沒睡成覺！」

法國哲學家笛卡兒說：「我思故我在」，而英國詩人拜倫也說：「思想的窟隆，是靈魂的宮殿」，說明不論古今中外的哲人學士都重視思考的價值；因爲有了思想的存在，才讓人之所以爲人，異於其他生物，成爲一個獨特的群體。

但是，不可否認的是，我們常常想得太多，該想的、不該想的全都丟進腦子裡，又不肯定期清理腦中垃圾，積壓過久，全成了疏通不開的煩惱，將我們的心緊緊裹住，無法呼吸。

這都是因爲我們膨脹了事件本身，正如心理學家艾利斯所說：「事件的本身沒有意義，是我們的想法決定了它的意義。」

鬍子放在被子裡或放在被子外，又有什麼關係呢？一個無聊的問題，就可以讓故事中的老人煩得夜不成眠。

但是仔細想想，這樣的事件不也在我們生活周遭層出不窮的出現？多少夫妻因爲從哪一頭開始擠牙膏、換不換拖鞋……這些芝麻小事吵翻天？多少兄弟姊妹因爲父母多給了誰一顆糖而大打出手？

從實際生活可以學到更多

只要有心，不管大事小事都可以提供我們生活的體會，可以從中體悟出生活的道理。

做大事，聽起來相當困難，但是一步接著一步去完成，做起來會發現，其實事情並沒有想像中的困難。

人往往會被自己主觀而狹隘的想法所限制，因此把事情想得太困難，把道理想得太偉大，其實，眞正的道理，在生活周遭俯拾可得，就看我們是否能夠用心去體會。

莊子是戰國時道家著名的代表人物。有一次，一個名叫東郭子的人聽說莊子對道有很深入的研究，特地去向他請教。

兩人一見面，東郭子便問莊子：「您說的道，究竟在什麼地方呢？」

莊子回答說：「道是無處不在的，什麼地方都有。」

東郭子接著說：「請您具體指明它在什麼地方，這樣我才能瞭解。」

莊子說：「道在螞蟻洞裡。」

東郭子又問：「道是很崇高的東西，怎麼會在這麼低下的地方呢？」

莊子見他這樣驚奇，又說：「道在稗子裡面。」

「怎麼在還要低下的地方呢？」

「道在瓦和磚裡面。」

「啊，它存在的地方怎麼愈來愈低下？」

「在尿屎裡面。」

東郭子見莊子愈說愈不像樣，便不再問下去，臉上還忍不住露出不高興的神色，認爲莊子是故意愚弄他。

這時，莊子才神色一整，嚴肅地對東郭子解釋道：「你所提的問題，並沒有提到根源上的本質。我把道說得低下，才能顯出它無所不在，存在於任何地方。請讓我用檢驗豬肥瘦的方法來加以說明吧。一個名叫獲的人問市場的管理員，為什麼愈是用腳踢踏豬的腳脛，就愈能檢驗出牠的肥瘦呢？管理員回答說，因為腳脛是最難肥的部位，這叫做每下愈況。越是難長肥的地方，肥瘦就更明顯了。」

東郭子這才明白了真理是存在於萬事萬物之中的，也就是說即使是微小卑賤不起眼之處，我們也能端詳出其中道理而有所得。

莊子喜歡以寓言來說明道理，這個故事說明了道是無所不在的。在莊子的哲學思想之中，道是指萬事萬物的根源，所有的事物都由此而生，而人類的精神活動也起源於最根本的道。

莊子的個性一樣不理世俗的既定價值，記得在莊子的著作《莊子》一書裡，有過這麼一則寓言故事。

據說，莊子快死的時候，一群弟子圍在他的身邊，有人提議要為老師厚葬以報答師恩，沒想到莊子竟笑著說：「何必麻煩？吾以天地為棺槨，以日月為連壁，星辰爲珠璣，萬物爲齎送。」

意思就是不用特別處理，只要把屍體抬到郊外回歸自然就好了，有天地當棺材，日月星辰爲裝飾，萬事萬物來陪葬，豈不就是最好最隆重的葬儀了。他的弟子不明所以：「可是我們擔心老師會被烏鴉、老鷹吃掉啊！」

莊子繼續說道：「在地上會被烏鴉、老鷹吃掉，在地下會被螻蟻吃掉，既然如此，那你們爲什麼硬要從烏鴉老鷹的嘴裡，將我搶過來給螻蟻吃呢？這不是太偏心了嗎？」

生於萬物之中，死當然也歸於萬物之中，在莊子的哲學裡，人並沒有什麼特別了不起的地方，反倒是順著一種無形規則生生不息的自然界令人嘆服，値得讓人學習。

莊子認爲道是無形的，不應拘泥於外在的形象與條件，所以他告訴東郭子，道在螞蟻洞裡，道在磚瓦之中，因爲在愈爲細微簡單之中，愈能感受到道的眞理所在。

托爾斯泰語重心長地說：「人只有真正從內欲物質的世界解放出來後，才會瞭解真實的生命方向。」

如果我們能夠處心地向四周的自然萬物學習，處處是學問，又何必汲汲於書本之中？而且，只要有心，不管大事小事都可以提供我們生活的體會，可以從中體悟出生活的道理；悟道不在苦修，而在生活，從實際的生活之中，我們其實可以學到更多。

07

贏得輕鬆，活得自在

一塊碳在壓力之下，可能變成鑽石，
但也可能成為粉末，
如果要求自己一定要成為鑽石，
當結果不如己意時，
所受到的挫折感會更加令人難以忍受。

改變想法，就能改變看法

如果你想出人頭地，就必須調整自己的想法，讓積極的想法改變消極的看法，如此，才能看見自己生命的陽光。

普拉斯曾說：「樂觀的人，在每一次憂患中，都能看到一個機會，而悲觀的人，則在每個機會中都看到某種憂患。」

的確如此，如果你的想法積極，就算是身處地獄，也會把它看成天堂，假若你擁有消極的想法，即使身在天堂，也會認爲是在地獄。

千萬要記住，思考的角度，可以主宰你面對事情的態度。

你相信心靈的力量嗎？

記得聽過一個說法：「不要整天想著悲慘、倒楣，否則真的會把楣運呼喚過來！」

在心理學上就有一個類似的名詞稱爲「瓦倫達心態」。

瓦倫達是美國一個著名的高空走鋼索表演者，卻在一次重大的表演中，不幸失足身亡。

他的妻子事後說道：「我就知道這一次一定會出事，因爲他在上場前總是不停地說著：這次太重要了，不能失敗，絕對不能失敗。」

他的妻子回憶說，瓦倫達以前每次成功的表演，都只想著走鋼索這件事本身，而不去管這件事可能帶來的一切。

後來，人們就把專心致志於做事本身而不去管這件事的意義，不會患得患失的心態，叫做「瓦倫達心態」。

美國史丹福大學的一項研究也說明了，在人的大腦裡，某些圖象會像實際情況那樣刺激人的神經系統。

比如說，一個高爾夫球手在擊球之前一再告訴自己「千萬不要把球打進水裡」時，他的大腦裡往往就會出現「球掉進水裡」的情景，因爲印象強化的結果，往往事與願違，多半就因此將球打進水裡。

人在患得患失的時候，就容易浮躁不安，失去原有的穩定性，實力發揮有限，如此就等於是往失敗的路上走去；就算僥倖成功，事後回想起來，恐怕也是戰戰兢兢，心底萬般不踏實吧！

過於執著於成敗，就像在忐忑的心上再加壓一塊大石頭，如何能把平常練習的成果發揮出來呢？勉強出了手，恐怕也會失了準頭，在競賽之中，一點點小差錯就會影響到勝負的結果。許多人就像瓦倫達一樣敗在負面的心理上，還因此失去寶貴的性命。

在運動場上，有一種訓練方式稱爲想像訓練，選手透過腦海中的想像來進行練習，藉由想像中順利進行競賽的過程，既可以讓選手的思緒冷靜下來，又能增加選手的信心。

很多時候，這種看不見的力量，效力反而更勝於看得見的力量。心煩意亂、煩躁不安的時候，不妨坐下來閉上眼睛冥想一下，補充心靈能量，調整不安定的精神狀態，找回身體最自然的感覺。

激勵大師拿破崙．希爾曾說：「只要腦袋可想像的，只要心所相信的，就一定會實現。」

相信自己的直覺，就筆直地前走去，不要左顧右盼，不要去想失敗了該怎麼辦，只要盯著眼前的目標，身體就會自然而然地帶著你走向終點。

達賴喇嘛曾經告訴我們一個簡單的道理說：「能解決的事，不必去擔心；不能解決的事，擔心也沒有用。」

只要試著讓腦子裡保持著成功的念頭，我們的心就能更輕鬆地接近成功。

盧梭曾經寫道：「如果一個人打從心底就懼怕痛苦，懼怕困難，懼怕不測的事情，那麼他永遠也成就不了什麼大事。」

這句話告訴我們，假如一個人在內心充滿著「辦不到」、「不可能」的消極想法，那麼他最後就真的會辦不到那些不可能的事情。因此，如果你想出人頭地，就必須調整自己的想法，讓積極的想法改變消極的看法，如此，才能看見自己生命的陽光。

不要因為低潮而放棄人生目標

千萬不要放棄擁抱夢想的熱情，始終保持追求夢想的衝勁與勇氣，才不致於讓心中的那把生命之火灰飛煙滅。

人生難免會有低潮的時候，但別忘了，正如愛爾蘭小說家愛德娜．歐伯萊恩所說：「逆境和順境一樣，常會接踵而至。」

身處逆境之時，為什麼不把這一段谷底的歲月，看成是自己蟄伏的機會，藉此沈澱自己紛亂的心情，反省自己過往的錯誤，等待另一個展翅高飛的時刻？

根據歷史上的記載，滑鐵盧戰役的失敗是拿破崙一生最後的失敗，但有人說其實不是這樣，因爲拿破崙的最後失敗，是敗在一顆棋子上。

據說，拿破崙在滑鐵盧之役失敗之後，被判流放到聖赫勒拿島監禁，終身不得離開。

他在島上過著十分艱苦而無聊的生活。後來，拿破崙的一位密友透過秘密方式贈給他一件珍貴的禮物，是一副象牙和軟玉製成的棋子。拿破崙對這副精製而珍貴的棋子愛不釋手，一個人默默地下棋，多少解除了被流放的孤獨和寂寞。

這位有名的囚犯在島上用那副棋子打發著時光，最終慢慢地死去。

拿破崙死後，那副棋子多次以高價轉手拍賣。最後，棋子的所有者在一次偶然的機會中發現，其中一個棋子的底部可以打開，當那人打開後，發現裡面竟密密麻麻地寫著如何從這個島上逃出的詳細計劃。在當時，這是一則轟動世界的大新聞。

可是，拿破崙沒有在玩樂中領悟到這個奧秘和朋友的良苦用心，到死都沒有逃出聖赫勒拿島。這恐怕才是拿破崙一生中最大的失敗。

其實，拿破崙被流放之後，失去的不只是自由而已，還有他的野心與勇氣；如果上述這個故事是真的，那麼，拿破崙的確是敗在自己手上。怎麼說呢？

假設拿破崙始終維持他高峰時期的氣魄與架勢，那麼小小的聖赫勒拿島又能奈他何？

他絕不會呆坐著哀聲嘆氣，滿足於以下棋度日的生活，他必定會終其一生，極盡所能地想辦法與外界連絡，思考逃脫的方法。

這則軼事提醒我們，千萬不要放棄擁抱夢想的熱情，始終保持追求夢想的衝勁與勇氣，才不致於讓心中的那把生命之火灰飛煙滅，到時想要死灰復燃就得靠機緣了。

人一旦失去目標，心志冷卻了，即使有助功成的利器就在手邊，恐怕也會如同拿破崙一般視而不見吧。

我們一定會遭逢失敗的際遇，但我們不認輸的韌性和氣勢，仍會將我們帶向成功。

把心思用在正確的事上

當壞人是一件很辛苦的事，而做壞事所要付出的努力和代價也不少，還不如把頭腦和精力放在別的地方。

莎士比亞說：「掌握我們命運的並非星宿，而是我們自己。」

的確，我們的人生是我們自己走出來的，如果沒有善用自己的才能，步上了歧途，又不知及時回頭，將永遠不可能找尋到光明的未來。

許多人手裡握有能讓自己功成名就的利器，但卻把心思放錯了地方，親手葬送了所有美好的可能性。不去想如何琢磨自己的才能，只想投機取巧，是自己莫大的損失。

一八八七年，有一位年過六旬、一身高貴打扮的紳士，來到一家小雜貨店購買一盆水仙花。

紳士取出一張二十美元紙鈔交給店員，因爲整理水仙花而滿手濕淋淋的店員接過鈔票後正準備找錢，卻意外發現紙鈔上的印色竟然暈染開來，墨水滴落在她的手上。

她嚇了一跳，「難道這是張僞鈔？」她心中暗想。

可是，眼前這名顧客，是住在附近的鄰居，常常到店裡來消費，看他的樣子不像是會用僞鈔騙人。於是，她幾番考慮之後還是將錢找還給他，紳士點了個頭便離開了。

然而，在當時二十美元可不是一筆小數目，她把那張有問題的鈔票放在錢櫃裡，心裡卻始終不踏實，最後決定將鈔票拿到警察局要求鑑定。警方對於這張製作精良得幾近難辨眞假的僞鈔感到訝異，若不是印色遭水暈開，連警察也差點被唬了過去。

針對這起僞鈔案件，警方決定搜查那名紳士的家。

沒想到，果然在閣樓裡搜出了印製美元的設備，同時發現三張精美的肖像畫。

原來，那名紳士是一名造詣相當精深的藝術家，因此才能一筆一劃地描劃出那張足以騙過衆人的假鈔票，只可惜最後卻因爲雜貨店員的一雙濕手而行跡敗露。

那名紳士被捕後，他的那三張肖像畫遭到公開拍賣，喊價到一萬五千美元成交。最諷刺的是，他畫一張二十美元鈔票所花的時間，跟畫一張價值五千美元的肖像畫，所需的時間幾乎是相同的。

然而，不管怎麼說，這位聰明而又有天分的人確實是一個小偷。如果他能合法地出售他的能力，不僅會變成很有錢的人，也會爲他人帶來很多喜悅與利益。可悲的是，當他試圖去詐騙別人時，卻不知道最大的失主就是他自己。

許多戲劇、電影作品中，都有所謂的壞人角色，設計陷害主角的人、想破壞男女主角感情的人……仔細想想，這些人都要事先費了好大的勁去安排一切，以讓外界誤會男主角或女主角來達成自己的目的。

這其實都只說明了一件事，就是當壞人是一件很辛苦的事，而做壞事所要付出的努力和代價也不少。

比方說，打算搶銀行獲得暴利，事先難道不用經過詳細計劃、決定夥伴、打通關節、對整個搶劫過程多加練習……這些事情可不是一天兩天就能做好的；再說還不一定能成功搶到，最可能的下場是最後一票人鋃鐺入獄，什麼都得不到。

這樣的投資報酬率實在不高，還不如把頭腦和精力放在別的地方，說不定能因此打出一片屬於自己的天下。

與其花時間去想怎麼佔別人便宜，還不如認眞思考可以怎麼爲自己做好哪些有意義的事。

人生的時光有限，我們可以決定我們要怎麼活，可以決定要怎麼讓這一生大放光彩；才能就掌握在我們的手中，要怎麼發揮它的功用，端看我們的選擇。

贏得輕鬆，活得自在

一塊碳在壓力之下，可能變成鑽石，但也可能成為粉末，如果要求自己一定要成為鑽石，當結果不如己意時，受到的挫折感會更加令人難以忍受。

走進美術課的課堂裡看一下，每個孩子都在爲自己的作品努力，你一定可以發現兩種截然不同的孩子。

第一種是埋頭苦幹型的，這樣的孩子不管美術天分如何，作品的創意如何，你可以看出他一定是一個認眞的孩子，即使作品眞的乏善可陳，也會絞盡腦汁想出一句話來鼓勵他，比方說「這塊顏色塗得很好」，但是看到他一臉狐疑「我知道我還不夠好，你不用勉強安慰我」的表情，又讓你覺得好像適得其反，不小心傷害了他，反而萬分尷尬。

第二種則是毫無壓力型的，他想的只是趕快完成作品，等一下可以早點下課去打球，根本不在意自己的作品是不是班上最好的，而是他把該做的事做好了。

第一種孩子就算不是第一名，也一定可以維持前十名，即使他得爲了名列前茅而累得半死。第二種孩子可能沒有辦法在各方面成績優異，但在他專精的領域可就威力驚人了，比方說他可能是班上最會打躲避球的人。

這兩種孩子你願意當哪一種呢？

面對生活、面對工作，你會因爲對結果追求完美，而爲自己設定了過高的標準嗎？

伯恩斯教授曾經進行一項問卷調查，作爲他研究工作效果和情緒健康的一個重要環節。

他針對一百五十名每年收入一萬至十五萬美元的推銷員，設計一套問卷，調查結果發現，他們之中約有百分之四十的人屬於追求完美的人。

可以預料的是，這百分之四十的人承受的壓力，會比其餘那些不追求完美的人要大得多。但他們的成就是否更大呢？

說來奇怪，答案卻是否定的。

這些追求完美的人，在生活中顯然較常感到焦慮和沮喪，可是沒有任何證據顯示他們的收入較其他的人來得高。實際上，追求完美的人反而更常遭受到挫折和壓力，因此而降低他們的創作能力和工作效果。

伯恩斯斯所說的「追求完美」，並非單指將工作圓滿達成，而是設定了最高的標準，同時不容許任何錯誤發生。

當然，不重視品質的人根本就難以獲得真正的成就，但是，「追求完美的人」，往往是強迫自己勉力達到不可能的目標，並且完全以成就來衡量自己的價值。

因為這樣的心態，使得他們變得極度害怕失敗，他們覺得自己不斷地受到鞭策，同時又對自己完成的成果不滿意。

事實證明，強逼自己追求完美不但有礙健康，會引起像沮喪、焦慮、緊張……等情緒不安的症狀，而且在工作效果、人際關係、自尊心等方面，亦會自招失敗。

一塊碳在壓力之下，可能變成鑽石，但也可能成爲粉末，如果我們只要求自己一定要成爲鑽石，當結果不如己意時，受到的挫折感會更勝以往，更加令人難以忍受。

把標準放低一個單位吧！讓自己先完成了一個目標，再進行下一個目標，享受成功的滋味絕對勝過於失敗的苦澀，放鬆自己的束縛，依循自己的步調，不以完美苛求自己，我們才能贏得更輕鬆，活得更自在。

熱愛自己的選擇，尊重別人的選擇

面臨抉擇的時候，先問一問自己心中真正想要的是什麼，唯有不勉強、不委屈，才能讓自己在追求目標的過程中，不埋怨、不推卸責任。

「望子成龍，望女成鳳」是爲人父母心中的渴望，當孩子一出生，每一個父母都在心中悄悄地爲孩子做好了計劃；然而，很多時候，這個左右孩子一生的計劃所代表的，可能只是父母心中未能完成的憧憬。

就如同莫札特的父親，雖然他自己也是一名優秀的音樂工作者，但是他很清楚自己沒有辦法創造登峰造極的音樂事業，所以他積極栽培自己的一對子女，引導他們進入音樂的殿堂。

天賦異稟的莫札特因爲環境的刺激，也的確在這個領域裡有了卓越的發展，但是，他的一生卻不見得過得快樂，因爲他從年幼時代起，就被迫背負著父親的夢想前進。

當這種景況出現在生活周遭，我們忍不住想問：父母所做的決定，眞的全都是爲孩子好嗎？

有一個美國男孩在父母的關愛下成長，男孩的父母都希望自己的兒子能成爲一位體面的醫生。可是，男孩讀到高中便被電腦迷住了，整天玩著一台舊電腦，不斷地把電腦的主機板拆下又裝上，樂此不疲。

男孩的父母見了很擔心，也很傷心，苦口婆心地告訴他：「你應該用功唸書，否則根本無法立足社會。」

男孩的內心非常掙扎，他既不願意放棄自己的興趣，也不願意讓父母難過，最後，他按照父母的願望考上了一所醫科大學，可是他的內心始終只對電腦感興趣。第一個學期快要結束的時候，他毅然決然地告訴父母他要退學，父母苦勸無效，也只好很遺憾地同意他退學。

男孩後來成立了自己的電腦公司，打出了自己的品牌。

到了第二年，公司就順利地上市發行股票，頃刻間他即擁有了一千八百萬美元資金，那年他才二十三歲。

十年後，他更創出了不下於比爾．蓋茲的神話，擁有資產達四十三億美元。

他就是美國戴爾公司總裁邁克．戴爾。

成就的定義，其實是因人而異的，財富的累積方式也絕對不只一種。

建立法國波旁王朝的拿破崙說：「凡是決心取得勝利的人，是絕對不說『不可能的』。」

每個人都是一個個體，應該要有自己的意志，也就是說，由自己來決定自己未來的道路。只要設定好目標，決心向前邁進，勝利隨時可期。

日本知名學者池田大作說：「父母可以有自己的理想，但干涉孩子各自的理想，就等於不承認孩子的人格。」

父母的期望與建議，是根據經驗累積下來的觀念，但新新人類也可以有新時代的創新想法，兩者之間並沒有所謂的對或錯，我們都應該彼此尊重對方的想法。

只是，面臨抉擇的時候，最好還是先問一問自己心中真正想要的是什麼。

因爲，唯有不勉強、不委屈，才能讓自己在追求目標的過程中，不埋怨、不推卸責任。「擇你所愛，愛你所選」是對自己人生負責的第一步。

堅持自己選擇的道路

不盲目追隨潮流，找出自己真正拿手的技能，培養自己最感興趣的喜好；堅持自己的方向，最後總能歡欣收成的。

每個個體都有自主的權利，我們不應該老是用自己的標準去衡量別人，更別一味地用「我」的標準去作爲好壞的標準。

日本十六世紀的畫聖雪舟，因幼時家貧，不得不進山當和尚，但是他酷愛畫畫，常因爲學畫而誤了唸經，以至一再觸犯了廟裡的長老。

一次，長老見他爲畫畫走火入魔、「屢教不改」，因而大怒，將他的雙手反綁，綑在寺院的柱子上。

雪舟雖然行動受制，卻不願意因此放棄畫畫，想到傷心處，不由得淚如雨下。那些淚水剛好滴落在地上，激發了雪舟的靈感，他居然伸出了大腳趾，蘸著淚水就在地上畫了起來，畫出了一隻活靈活現的小老鼠。

長老見了大吃一驚，終於認定這孩子日後必有出息，不再限制他畫畫。後來，雪舟果然成了一代宗師！

對於長老來說，唸經求取眞知，修養身心，是身爲僧侶最重要的事，所以不能理解雪舟熱愛繪畫的心，所以認爲自己是爲雪舟「著想」，是對他「好」。但是，對雪舟來說，唸經只是讓自己塡飽肚子的工作，甚至是一件苦差事，遠遠比不上繪畫好，在創作的過程中，更可以讓他忘懷所有殘酷的現實，只是沈浸在創作慾得以滿足的喜悅。

他流的淚是源於不能畫畫，卻也能將淚水化爲再度創作的動力。雪舟的這分堅持，終於明白地傳達給長老。

行行出狀元，沒有哪一行有用，也沒有哪一行盡是無用。在古代，中舉當官，當個讀書人最好，但在現在，學究的地位可就遠比不上大生意人，那麼未來呢？未來職業的趨勢又會有什麼變化呢？誰又能下斷言呢？

所以，不要盲目追隨潮流，而要找出自己眞正拿手的技能，培養自己最感興趣的喜好。

從現在起，持之以恆、細心耕耘，就算途中遇到了阻礙，撐不過時何妨大哭一場，恣意紓解所有的壓力，或許哭過之後反而能清明了自己的想法，抉擇出一條屬於自己的道路。

堅持自己的方向，最後總能歡欣收成的。

以愛背起甜蜜的包袱

「即然我們同行，何不彼此分享？」就讓我們都成為彼此最甜蜜的負荷，而不是沈重的愛的包袱吧！

雖然重量在磅秤上沒有差別，不管你背的是一個人或是一個背包，磅秤上都會顯示出它的實際重量，但是就心而言，心並不是磅秤。

因爲對家人的愛，讓我們甘心背負這個甜蜜的包袱，這是因爲我們知道，如果有一天我們需要的話，他們也會樂意背負我們。

有一個印度教門徒，來到喜馬拉雅山朝聖。

那是最難達到的地方，空氣非常稀薄，使人呼吸困難，道路非常狹窄，旁邊則是一萬英呎的深谷，山道上終年積雪，很多人一去不返，葬送了寶貴的性命。

印度教門徒只背了少許的行李登上山道，因為太多行李會使得行動變得非常困難。

他在山腰小徑上走著走著，就在他的上方，他看到一個女孩，年齡應該不超過十歲。

女孩背著一個很胖的小孩，汗流不停，喘氣吁吁。

不久，門徒來到她的身邊，好心地說：「小女孩，妳一定很疲倦，看妳背得那麼重！」

誰知，那個女孩竟然生氣地回答說：「你所攜帶的是一個重量，但是我所攜帶的並不是一個重量，他一點都不重，因為他是我的弟弟。」

美國哈里斯合唱團曾經唱過這麼一首兄弟情深的感人歌曲〈他不重，他是我兄弟〉：

路很長，而且蜿蜒曲折
誰知道將帶我們去向何方？
我很堅強，足夠背負著他
他不重，他是我的兄弟
已經走了很遠，
我只關心他是否平安
他不需有任何負擔，
我們終將抵達
但我知道他不願牽累我
他不重，他是我的兄弟
如果我終將離去，滿懷悲傷的離去
大家的內心將無法充滿彼此關愛的喜悅
那是一條漫長的路，
一條不歸路
既然我們同行，

何不彼此分享？

肩上的負擔不會把我壓垮

他不重，他是我的兄弟

十年修得同船渡，那麼手足之情又是要靠幾世才能修得的緣分呢？雖然兄弟姐妹的出現，可能瓜分了父母對我們的愛與所有的物質享受，可能搶過了我們的鋒頭，然而，在我們血管中，流有的是相同的血液。

並不是說我們一定只能忍氣吞聲地去承擔親人犯下的錯誤，但就如歌詞中所唱「即然我們同行，何不彼此分享？」就讓我們都成爲彼此最甜蜜的負荷，而不是沈重的愛的包袱吧！

以身作則，樹立榜樣

成人，往往知道得太多，也因此狹隘了心靈，投機取巧的結果，卻是給孩子樹立了最壞的榜樣。

日本哲學家谷口雅春曾經勸告世間的父母說：「孩子的言行就像一面鏡子，反映著家庭和父母的精神，所以希望孩子好，首先自己要起模範作用。父母或教育者的日常言行，對培養孩子的人格有最強的說服力。」

有什麼樣的父母，多半就會養出什麼樣的孩子。所以，如果我們希望孩子以誠待人、以信處世，成爲一個懂得腳踏實地的人，那麼我們就得從要求自己不說謊開始。

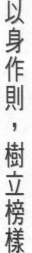

從前，有一個賢明且受人愛戴的老國王，由於他沒有孩子，以致於王位沒有繼承人，有一天，他宣告天下：「我要親自在國內挑選一個誠實的孩子做我的義子。」

他拿出許多花的種子，分發給每個孩子，並且說：「誰用這種子培育成最美麗的花朵，那孩子就是我的繼承人。」

於是，所有的孩子都在大人的幫助下，播種、澆水、施肥、鬆土，照顧得非常盡心。

其中，有一個男孩，整天用心培育花種。但是，十天過去了，半個月過去了，一個月過去了……花盆裡的種子依然如故，不見發芽。

男孩有些納悶，就去問母親。

母親說：「你把花盆裡的土壤換一換，看看行不行？」

男孩換了新的土壤，又播下了那些種子，仍然不見發芽。

國王規定獻花的日子到了，其他孩子都捧著盛開鮮花的花盆湧上街頭，等待國王的欣賞。只有這個男孩站在店舖的旁邊，手捧空空的花盆，在那流著眼淚。

國王見了這情景，便把他叫到跟前，問道：「你爲什麼端著空花盆呢？」

男孩如實地把他如何用心培育，而種子卻都不發芽的經過，仔細地告訴給了國王。

國王聽完，歡喜地拉著男孩的雙手，大聲叫道：「這就是我忠實的兒子。因爲我發給大家的種子，都是煮熟了的。」

於是，這個男孩就成了國王的繼承人。

有一句德國俗諺這麼說：「一兩重的真誠，其值等於一噸重的聰明。」

其他的孩子也一定和這個男孩遇到了同樣的事情，發現種子始終不發芽，他們也一定和這個男孩一樣，去求教於自己的父母，但是只有這個男孩的母親，以身教教導了自己的孩子，誠實所帶來的價值。

國王發佈公告的前提就是要找尋誠實的人，但家長們卻爲了讓孩子雀屏中選而不惜做出欺瞞的手段。

以謊言堆砌而來的讚賞一點也不值得驕傲，成人，往往知道得太多，也因此狹隘了心靈，投機取巧的結果，卻是給孩子樹立了最壞的榜樣。

教育家凱薩琳．凱西．賽森說：「大部分的孩子都聽到你說的話，有些孩子會照你的話去做，但所有的孩子都會照你的樣子去做。」

如果我們希望孩子成爲一個認眞過活的人，那麼我們就該先在工作與生活之中全力以赴，認眞過活。

在自己的工作中尋求專業價值

把自己的工作視為一項專業，要求自己盡力去符合專業，到最後，我們便能從自己的工作中覺察出專業的價值。

這是一個講求專業的時代。買股票要專業，蓋房子要專業，就連結婚生子都有專業人員可以提供專業服務。

記得有一個很受歡迎的日本節目，舉辦了一場又一場的競賽，精通各種魚類的、精通各家拉麵的、最會改造家具的、最會做糕點的……琳琅滿目的比賽項目令人嘆為觀止。你從來不知道原來湯頭可以分成好幾十種，也從來不知道有人可以光聞一點橡皮擦屑就能猜出這是哪一個品牌的橡皮擦。

專業認同、認同專業，如此專精的社會現象，給了我們每個人不同的社會定位。我們發現一個正面的意義，只要我們能在某一個領域全神貫注的投入，極盡所能地探索，極盡所能地學習，就算是再小、再冷門的領域，我們的專業也不容他人小覷。

美國田園作家梭羅說：「琢磨這個世界是人的藝術，而每一個工作的人都是在打磨著其中的一部分。」

換言之，我們只要盡力完成自己，就等於爲世界盡一分力。

宰牛這個技巧在古代來說，可稱不上是什麼了不起的技巧，舉凡會拿菜刀、得下廚煮飯的，多半都可以宰牛殺豬。

但是即使人人會宰牛，這其中功力還是可見高低的。

有一次，知名廚師庖丁爲梁惠王表演宰牛的技巧。只見他手拿一把尖刀，不假思索、輕而易舉地宰割牛皮，皮和骨分離的聲音隨刀而響，當刀向牛身內推進的時候，發出更大的聲響。

總之，他的動作好似合乎舞蹈的節拍旋律，而他操刀時發出的各種聲音，也像音樂那樣有著獨特節奏。沒有多久，一頭牛就被肢解妥當了。

梁惠王讚嘆道：「你的技術為什麼能如此高明？」

庖丁放下刀回答說：「我所以能如此熟練，是因為我崇尚的是一種高深的修養，並且現在的技術已經超過普通技術的階段了。我剛開始分解牛的時候，看到的是整條的牛，當時往往會不知道刀子要從哪裡下手。過了幾年，便看不見整條牛了。」

「看不見整條牛？那不是更不知道刀子要從哪裡插進去嗎？」梁惠王不解地插嘴問道。

庖丁搖搖頭說：「不是的。我的意思是說，這時我對牛的全身何處有空隙，哪裡有筋骨，都已經完全清楚明瞭，所以看到的不是整條牛，而是可以將它分開的許多部分。宰割時，我不用眼睛去看，而是集中精神去感覺骨肉之間的連結，因此能知道什麼地方可以下刀，什麼地方不能下刀。我按照牛的各部結構，劃開牛體內筋骨相連的空隙之處，再順著骨節間的空隙，按照牠身體構造去運刀，所有的障礙都沒有觸及到，何況大的骨頭呢！」

接著，梁惠王又聽庖丁說明怎樣用刀、換刀的學問，聽完後感慨地說：「現在我大概懂得您所謂養生的道理了。」

庖丁的解牛技藝之所以如此純熟，是因爲他能全神貫注在其中，日積月累地去熟練自己的工作，當他掌握了所有的訣竅，屠刀未到，腦海中已有了牛身上構造的模樣，所以能輕巧地避開阻礙之處，掌握肢解的節奏，自然輕鬆自如，得心應手了。

記得之前曾經看過一位大師玩沙，隨著音樂旋律就在一座投影台上繪出了一幅幅的充滿想像力的沙畫，實在令人嘆爲觀止。現在想來，這位大師恐怕早已體會了庖丁的修養功夫了。

凱撒大帝曾經如此豪邁地說：「你要出類拔萃，誰也阻擋不了你；你先對自己懷疑，相信命運又如何？」

當我們選定了我們的人生方向，即使是再小再不起眼的目標，只要我們能夠全心投入，相信自己，堅持執著，那麼肯定如凱撒說的那般，任誰也阻擋不了你，最後一定能出類拔萃。

如果我們小看了自己手中的工作，認爲不值一顧，那麼只要一有機會，我們就會毫不猶豫地捨棄這份工作，然後再去嘗試別人所謂的「偉大」工作。一次又一次的放棄，一次又一次的重新來過，到最後我們就會發現，時間已蹉跎、年華已老去，什麼都沒得到，想再做任何事都已經力不從心了。

爲何要讓我們的人生沈浸在虛華和悔恨之中呢？認眞地去選一個方向，認眞地去完成一個任務，我們就會明白自己絕非一無是處。或許，就如同托爾斯泰所說：「竭力履行你的義務，你立刻就會知道你到底有多大價值。」

把自己的工作視爲一項專業，要求自己盡力去符合專業，到最後，我們便能從自己的工作中覺察出專業的價值。

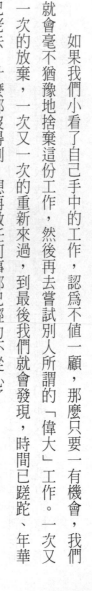

08

放下痛苦就是幸福

改變我們的心境和態度，
讓我們的生命充滿希望，
而非充滿仇恨與苦難，
我們就能自在無束地生活下去。

傳遞幸福的能量以得到幸福

當我們知道我們的小小付出，可以讓對方感到溫暖與快樂，這種感覺能讓我們的心中也感受到真正的快樂。

幫助別人，最大的快樂，不是期望別人給予相對的回饋，也不是獲得善心人士的美名，而是在幫助別人的同時，我們發現了自己的價值與意義，這也是我們最大的獲得。

一起來聽聽這個溫馨的故事。

溫度接近下雪的夜晚，一個大男孩為了作業交差，來到貧民區擔任義工，在瑟瑟寒冬之中，一個人負責看著一個停車場邊的熱飲供應站。

當時，已經很晚了，四周沒什麼人影來去，雖然供應站裡還算暖和，但沒事可做其實也蠻無聊的。於是，他便拿著掃帚到門口掃地，意外發現一名身穿破舊印花洋裝的老婦人踽踽走來。

她的身上披著一件褪了色的黃毛衣，腳下趿著一隻襤褸的膠鞋。

男孩向她點頭打了聲招呼，注意到她腳上沒穿襪子，便問：「天氣這麼冷，妳怎麼不穿襪子？」

那名瘦弱的老婦人笑了笑，回答說：「我沒有襪子。」

聽了這話，男孩不由得停下手上的動作，愣愣地看著老婦人繼續邁著遲緩的步伐繞過他的身邊。

突然，他大叫：「請等一等！」

只見他丟下掃帚跑到老婦人身邊，彎腰脫下自己的運動鞋，然後將腳上新穿的白襪拉了下來。

他有點不好意思地說：「如果您不嫌棄的話……」

老婦人訝異地點了點頭。

男孩蹲了下來，將白襪穿在老婦人瘦骨嶙峋的腳上，然後再爲她套上膠鞋。他很明白老婦人需要的還要更多，但眼前他所能做的，卻只是給得起一雙襪子和一杯熱飲。

老婦人抬起頭望著男孩，眼中充滿關愛，就像是在看著自己的孫子一般的眼神。最後她笑著說：「謝謝你。眞的十分感謝你，如果有什麼是我最喜愛的，那就是晚上睡覺時，能有一雙暖和的腳。」說完，老婦人便往來時相反的方向走去，最後身影消失在寒風之中。

雖然寒風仍凍得刺骨，吹得男孩赤裸的腳踝一陣涼颼颼的，但是那天晚上他搭車回家的時候，心裡卻是暖呼呼地。

第二天晚上，他又來到這個熱飲供應站輪班時，沒再看見老婦人的蹤跡，反倒是兩名警察走了過來。

他們表示附近有個獨居老人，今天早上被鄰居發現過世了，他看了警察手上的照片，發現她就是昨晚遇見的老婦人。

他感到驚訝，也有點傷感地問：「發生了什麼事？」

警察說：「她是一名老寡婦，住在離這裡兩條街外，既沒家人，也沒朋友，身體又不好，平常只有一兩個鄰居偶爾會過去看看她。大概是天氣太冷了吧，家裡又沒暖氣，沒能撐過去。」

他心情難過地爲兩名警察各倒了杯熱咖啡，這時，另外一名警察也開了口。他說：「今天早上驗屍的時候，我也在現場。很奇怪，她的面容看起來非常祥和，表情既滿足又平靜。唉，我眞希望我自己走的那時，也能看起來像那個樣子。」

之後，一整天男孩心裡一直想著那名孤苦獨居的老婦人，卻也忘不了她充滿關愛的笑容，及當時所說的話。

昨天晚上，男孩很高興自己的舉手之勞能讓老婦感到開心，而今天，他更慶幸自己能在老婦人生命中的最後一晚，給予她一點小小的溫暖。

那一個清冷的寒夜裡，老婦人和男孩都得到了心中的溫暖，這才是幫助別人所要得到的最大意義：施與受都有福。

當我們知道我們的小小付出，可以讓對方感到溫暖與快樂，這種感覺能讓我們的心中也感受到眞正的快樂。如此一來，便能讓善的循環繼續運行下去，或許有一天，這份溫暖將會回到我們自己身上。

許多人都感歎，我們身處的不是一個完美的社會，但我們絕對有能力改變它，就像美國新心靈運動作家愛曼．福克斯說：「衷心善念必得祝福。」

把男孩的善心放在心上吧！我們的行動，能夠運轉幸福的能量，讓我們在傳遞幸福的同時，也得到幸福。

抱怨，只會讓心情更加灰暗

命運並沒有刻意地虧待我們，差別只在於我們的心情罷了，所以，要選擇快樂或憂傷，就看我們自己了。

瞭解自己的人不會抱怨他人，掌握自己命運的人不會抱怨上天；抱怨別人的人則窮迫不得志，抱怨上天的人則沒有上進的決心和勇氣。

抱怨，是我們逃避生活困境與不順遂的一種自然反射動作，因爲只要把過錯推給別人，彷彿就能減輕我們心裡對自己的厭惡感，讓我們覺得好過一點。所以，千錯萬錯都是別人的錯，怪東怪西就是不怪自己，沒有人可以怪的時候，就怪罪老天充數。

這樣的想法，是人類的通病，而且這樣的想法也是世界紛亂的源頭。

若我們不能自省自身的錯誤，反而冀求別人來負責，推託逃避的結果，就是共同身陷泥沼困境，難以自拔，更遑論改善與進步了。再說，光是抱怨而沒有把事情根本解決，問題仍舊存在，抱怨得再多又有何用呢？

當然，我們不必爲了想逃脫這樣的形象，便矯情地遇事就把錯誤全攬上身，但是我們卻可以在開口抱怨之前，先在心裡問自己幾個問題：「我的判斷正確嗎？」「我的行事步驟有所缺失嗎？」「我能事先覺察問題嗎？」「我能預防事情不要發生嗎？」「我能找到其他的解決方法嗎？」……

能夠這樣自己先將問題點釐清，就不致於錯怪他人，也能將抱怨的負面情緒，轉爲積極解決問題的正面態度。

作家羅蘭在《羅蘭小語》寫道：「一個人如果肯對自己所有的一切，抱著一種知足感謝的心情，就不會抱怨命運待他不公。」

正面的處事態度，能夠幫助我們平心靜氣地度過眼前的種種困厄；「比上雖不足，比下卻有餘」的想法，有時候也能夠適度消除我們對現實慾望不滿足的沮喪情緒。

有個推銷員工作不甚順暢，生活過得潦倒困頓，每天一醒來，就爲自己的「懷才不遇」而感到傷懷。對於「命運的捉弄」，他特別難以忍受，只要一想到自己不知道何時才能出人頭地，就一點也快樂不起來，整天唉聲嘆氣地抱怨「上天不公平」。

耶誕節的前夕，路上到處洋溢著過節的氣氛，家家戶戶張燈結彩，熱鬧得不得了，相較之下，他的心情也就更加灰暗沮喪了。

他來到公園的一張椅子坐下，看著人來人往，不禁想起了自己的過往，他想起去年的耶誕節也是一個人過，在租宿的舊公寓喝得爛醉，既沒新衣也沒新鞋，更別說新車新房了，只有第二天宿醉後的劇烈頭痛。

一想到今年自己又得如此，他的氣不禁嘆得更加大聲了。

他喃喃自語說：「唉！今年又要穿著這雙舊鞋過節了。」

想了又想，他分外地爲自己覺得不值，一時間氣憤得想把那雙舊鞋給脫了，省得礙眼心煩。

就在他拉鬆了鞋帶，正想脫下鞋子的時候，一個年輕人坐著輪椅滑過他的身邊。

這個年輕人改變了他的心境，也改變了他的命運。

他停下了手上的動作，一動也不動地看著那名年輕人離開他的視線。他突然體悟到，自己能有雙舊鞋可穿，其實是件多麼幸福的事，看看那名年輕人，他連穿鞋的機會都沒有了！

仔細地思考一陣，他決定不再自怨自艾了，從此發憤圖強，珍惜每一個眼前的機會，終於成功地改善了自己的生活。

詩人雪萊的《西風頌》寫得好：「風啊！冬天來了，春天還會遠嗎？」

有一首歌是這麼唱的：「縱然沒有月光，我們可以看星光，即使失去星光，還有溫暖的眼光。」

保持正面的生活態度，就能讓我們學會珍惜眼前的幸福，而沒有空去抱怨不幸了；抱持著希望展望自己的未來，不是很美好嗎？何必執意沉浸在失意的泥沼之中呢？

正如同羅馬詩人奧維德所說的：「如果計算一下全年陰天和晴天的數目，你會發現陽光真是普照的。」

站在陽光下，假使低下頭，那麼我們只會看見一塊塊的陰影，但只要願意抬起頭來，我們卻能看見炫目的日光。

其實，命運並沒有刻意地虧待我們，差別只在於我們的心境罷了，所以，要選擇快樂或憂傷，就看我們自己了。

幸福，來自認清自己的價值

沒有人是完美無缺的，但每一個個體都有個別的特色。何不試著去喜歡自己呢？

國際知名的性感女神蘇菲亞．羅蘭這麼說過：「充滿自信的缺陷，遠比缺乏自信的美麗更富魅力。」

確實如此，蘇菲亞．羅蘭的美，不在於精雕細琢，單看她的五官並不特別美，但是合在一起就顯得自然好看，有一種充滿自信的美感。

一個人如果只是羨慕別人的優點，而將自己貶低得一文不值，那麼自然就容易被失望和沮喪所擄獲，遭到灰暗的情緒綑綁，終至窒息身亡。

幸福，就來自於認清自己的價值。

有一則寓言故事是這麼說的。

有一天，國王獨自來到花園裡散步，詫異地發現，花園裡所有的花草樹木都枯萎了，園中是一片荒涼。

既納悶又生氣的國王立刻將園丁找了來，詢問到底是怎麼一回事。園丁也正煩惱著，惶恐地對國王說：「橡樹由於沒有松樹那麼高大挺拔，便輕生厭世死了；松樹又因自己不能像葡萄那樣結許多果子，也死了；葡萄哀嘆自己終日匍匐在架上，既不能直立，也不能像桃樹那樣開出美麗可愛的花朵，於是也死了；牽牛花也病倒了，因爲它嘆息自己沒有紫丁香那樣芬芳。其餘的植物也都垂頭喪氣，沒精打采，只有頂細心的心安草茂盛地生長。」

這倒引起國王的好奇，不禁問道：「小小的心安草啊，別的植物全都枯萎了，爲什麼你這小草卻這麼勇敢樂觀，毫不沮喪呢？」

小草回答說：「國王啊，我一點也不灰心失望，因爲我知道，如果國王您想要一棵橡樹，或者一棵松樹、一串葡萄、一株牽牛花、一棵紫丁香，甚至是其他植物，您自然就會叫園丁把它們種上，而我知道您希望我就是我，就是做一株小小的心安草。」

故事中，心安草的自信是自命不凡嗎？

並不是的。心安草之所以能安然自適，就是在於它對自己的存在價值有相當的認識，不會欣羨別人有的，憂傷自己沒有的，於是能安心生長。

沒有人是完美無缺的，但每一個個體都有個別的特色。若是玫瑰有了百合的花瓣，還稱得上是一朵玫瑰嗎？松樹若結了葡萄的果實，應該也不再算是松樹了吧！那麼，何不像心安草一樣試著去喜歡自己呢？

因爲，「我就是獨一無二的我」，即使只是一株小小的心安草，都能有其不可或缺的存在價值。

放下痛苦就是幸福

改變我們的心境和態度，讓我們的生命充滿希望，而非充滿仇恨與苦難，我們就能自在無束地生活下去。

有人說，這個社會早已人情淡漠，不要說什麼雪中送炭，連舉手之勞大家都吝於付出。

當眞是如此嗎？

或許吧！透過電視媒體報導，我們可以知道，某些駭人聽聞的案件，事後不都傳出有人目擊或聽見受害人的掙扎與慘叫，但是在事發當時，卻沒有人出手相助，甚至連舉手撥電話報警處理都沒有。

這樣的事件的確令人震驚，可怕的不只是兇手的凶殘，更是這些就近在咫尺的「好人」為什麼不動聲色？

難道這些人真的心如鐵石，是邪惡的壞人嗎？或者他們和被害者有什麼深仇大怨嗎？

不，他們只是和我們一樣的普通人罷了。

「明哲保身」、「小心駛得萬年船」、「各人自掃門前雪，莫管他人瓦上霜」……，我們被這樣的觀念訓練得要先保護自己才能顧及他人，所以才造就了這樣悲劇頻傳的社會。

然而，我們真的打從骨子裡變成如此冷酷無情了嗎？與生俱來的「惻隱之心」真的在我們心裡消失無蹤了嗎？

或許，我們可以來看看蘇聯作家葉甫圖申科在《提前撰寫的自傳》中，所講的一則感人的故事。

時間是一九四四年的冬天，兩萬名德國戰俘排成縱隊，從莫斯科大街上穿過。

當時，每一條馬路上都擠滿了圍觀的人群，士兵和警察就站在馬路的兩側維持秩序。圍觀者大多是婦女和小孩，他們有的沒有丈夫、沒有父親、沒有兒子，因爲他們的親人大都在戰爭中被德軍所殺。仇恨，他們眼中充滿仇恨地看待這些戰俘，因爲親人的生命，可能就是葬送在其中某一個戰俘手中。

爲了防範圍觀群衆的情緒過於激動，警察和士兵們小心地警戒著，以防發生暴動。

戰俘們猶如喪家之犬，個個衣衫襤褸，面容憔悴，雙眼無神，在這場戰爭之中，他們充其量不過是集權者手中的棋子，但是成王敗寇，戰事既然失敗，也沒有什麼好辯解的，只希望能留有一絲生存的希望。

戰俘們走進這個路口，馬路兩旁的婦女個個將她們粗糙不堪的雙手緊緊握拳，而士兵和警察們也努力地阻擋她們推擠。這時，一名腳穿一雙破舊軍靴的老婦人，來到了警察身邊，向警察要求讓她走近戰俘的行列。

執勤的警察原本不同意，但看到老婦人一臉平靜，加上身形瘦弱，應該不至於造成什麼危險，於是破例同意了。

就這樣，老婦人走近一名疲憊不堪、只剩兩條腿勉強支撐的戰俘身邊，然後從衣袋裡掏出一個印花方巾小包裹。

她把包裹打開，裡面是一小塊黑麵包，她有點赧然地將那個小麵包塞進那名戰俘懷中，然後，默默地離開。

那名戰俘臉上的表情，從驚恐到驚愕，再到感激，終於垂眼流下淚來。一時之間，整個氣氛轉變了，現場的婦女由四面八方地湧向戰俘隊伍，將她們身上僅有的麵包、香煙等物品塞到那些戰俘們的手中。

文章最後，葉甫圖申科寫了這樣一句話：「這些人已經不是敵人了，這些人已經是人了。」

莎士比亞這麼寫過：「想到自己的苦難別人也曾經熬受過，雖然不能治癒痛楚，卻使它稍稍緩和。」

痛楚已然發生，就無法將之收回，縱使別人說了一千遍對不起，也同樣於事無補，所以，我們會想要報仇，會希望別人也和我們遭受同樣的痛苦。

但是說眞的，如果我們並不眞的是冷血無情的人，卻發現自己做出了冷血無情的事，事後我們內心所承受的煎熬，同樣會令我們難以忍受。

老婦人以德報怨的舉動，在我看來並非矯情，而是一種昇華，我們無法改變已經發生了的事，但至少可以淡化仇恨，讓我們的心自由，不再受到痛苦的束縛。

戰俘們已經要面對他們所作所爲的苦果，現在再上前去揍他們一拳，吐他們幾口唾沫，眞的就能消去我們心頭之恨嗎？

或許這個問題，只有在我們心裡才有眞正的答案吧！

英國哲學思想家培根在《人生論》中提到面對逆境時說：「一切幸福並非沒有煩惱，而一切逆境也絕非沒有希望。」

在人生中，我們會經歷種種阻礙與種種磨難，有一些很可能根本就是毫無理由、莫名其妙的，我們難道要因此怪罪自己嗎？就算是怪罪老天又有何用呢？將自己從可悲可嘆的情境中掙脫出來，才是刻不容緩的行動。

改變我們的心境和態度，讓我們的生命充滿希望，而非充滿仇恨與苦難，我們就能自在無束地生活下去。

自己活，也讓別人活

並非寬容諒解的人就比較尊貴，也非心存報復的人就比較卑劣，不論是誰進誰退，都只是為了讓彼此能繼續活下去。

世界上大部分的宗教都勸人處世寬容，這是希望信眾們能發揮共同的力量，消弭爭端，共創和平。可是，既然寬容待人是如此困難，那麼大家又如何能違心去做呢？

有位心理學家提出這樣的看法，耶穌要他的信徒：「愛你的敵人，善待那恨你的人，祝福那詛咒你的人，為那惡待你的人祈禱。」這樣的要求，潛意識的目的是要以屈辱和征服我們自己，來屈辱和征服甚至毀滅敵人。

「愛你的敵人」是要勸告我們如何從非常不愉快的事情中獲得愉快，意謂著

「我不會恨你而讓你得逞，而是愛你愛到讓你覺得羞愧，以證明我比你來得更爲高等」，所以「當你打我的左臉時，我更把右臉一併送上」。

從這個觀點來說，面對那些惡人，我們越是忍讓，就更顯得自己的氣節高超、情操過人。

有位智者曾這麼說：「幾分容忍，幾分度量，終必能化干戈為玉帛。」

曾有一對父子坐火車外出旅遊，途中有位查票員來檢查乘客的車票，父親因爲找不到車票而受查票員怒言相向。事後，兒子不禁問父親，爲什麼剛才不用同樣的態度反擊回去呢？

父親說：「兒子，倘若這個人能忍受他自己的脾氣一輩子，爲什麼我不能忍受他幾分鐘呢？」

這名父親做了一個寬容的決定，並且希望說服他的兒子，爭一時之氣是沒有用的。與不講理的人計較，只不過是將別人的業障攬到自己身上，諒解才是昇華憤怒與痛苦的方法。

但是，要對傷害自己的人寬容，這是一件非常不容易的事。

有個小朋友家裡來了親戚拜訪，其中有三位也是小朋友。她的媽媽切了她愛吃的水果招待客人，也讓親戚的孩子看他們愛看節目，這意味了她得犧牲自己原本愛看的節目時段。

她忍不住嘟著嘴問她的媽媽：「媽媽，爲什麼三個人的自私，就會比一個人自私來得好呢？」

相信大家聽了她的問話，也會和她的媽媽一樣啞口無言吧。

如果說自私是一種不好的行爲，那麼成就三個人的自私，而犧牲一個人的利益，就不是自私了嗎？這是一個相當哲學性的問題，能讓十個人高興的事情，比起能讓一個人高興的事情來得有意義嗎？

這個世上有很多人在做壞事，卻不見得每一個都罪大惡極或十惡不赦，所以雖然他們做了壞事，我們卻不能將他們全都抓起來處死。爲什麼呢？因爲我們很可能就是其中之一。

除了初生出來的嬰兒之外，沒有人不會犯錯；有些錯，在犯下當時看來似乎無傷大雅，抑或只是爲了護衛自己，那樣的錯算是錯嗎？

如果犯錯的人道了歉，是否一切過錯都煙消雲散了呢？受到了傷害，如果我們存心報復，希望對方遭受和我們一樣痛苦，這樣的念頭有錯嗎？一味地要求容忍與諒解，會不會其實是一件殘忍的事？

如果心中的委屈傷害感受，無法消融，無法淡忘，那麼復仇可能是支持一個人活下去的唯一力量，那麼保存報復之心又何妨？

但如果怎麼也報不了仇，那麼除了逼自己寬容，又能如何？

著有《生死之歌》的美國詩人史蒂芬·雷凡曾說：「放下痛苦，是生命中最困難的工作。」

如此說來，能夠忘卻仇恨的人，反而是種幸福。或許，杜斯妥也夫斯基的說法最爲實際吧！他說：「自己活，也讓別人活——這就是我的座右銘。」

並非寬容諒解的人就比較尊貴，也非心存報復的人就比較卑劣，每個人的生命都是自己的，最後的決定不論是誰進誰退，其實都只是爲了讓彼此能夠繼續活下去。

逆境中更要相信自己，展現自己

做人應當有志氣，也當效法野草精神，即使遭逢逆境打擊，也不要退縮喪氣，等待良好時機，再度重振旗鼓。

《先知》一書的作者紀伯倫曾經在文章裡寫過這樣一段話：「這就是生活：在時光舞台上，黑夜演出的人生如一齣悲劇，白晝唱出的人生像一首歌曲，最後永恆則把這人生保存起來，似一顆珍珠，璀璨無比。」

人生有時候就是這樣，在日復一日的生活過後，某一天驀然回首時，突然發現，過往的一切都是由淚與笑所交織而成的。

在順境之中，我們仰頭歡笑；在逆境之中，我們低頭垂淚。但無論如何，時間的轉輪依舊不停地向前轉動，在下一個轉角我們碰見的會是逆境還是順境，沒有人能知道。我們唯一能做的是，在盡情歡笑時候，記取過往教訓，在埋頭痛哭的時候，懷抱明日希望。

每個人都祈求成功與順遂，然而每個人都會遭逢困難和阻礙，遇到挫折之時，不妨想想海倫．凱勒說過的那句話：「要勇敢，要學會受苦。你所能做的勇敢活下去的一切——不性急也無抱怨地——都會協助你有朝一日生活在歡樂滿足之中。」

唐代著名詩人白居易，少年時代展現了不凡的文采，寫下不少佳作詩篇。十六歲那年，他來到京城長安，先去拜見掌管編纂國史和爲朝廷起草文告的著作郎顧況，請求他對自己的詩稿予以指教。

顧況是當時有名的詩人，不論拜訪或求見的人都很多。當他接過白居易的詩稿，見上面署名「居易」，心想這個年輕人可眞口氣狂妄，不禁脫口打趣說：「現在長安米價甚貴，長安居可大不容易啊！」

接著，他漫不經心地打開詩稿，低聲吟讀起來，讀著讀著，忽然被一首題爲

《賦得古原草送別》的小詩深深地吸引住了，不禁高聲朗讀起來：

離離原上草，一歲一枯榮。野火燒不盡，春風吹又生。

遠芳侵古道，晴翠接荒城。又送王孫去，萋萋滿別情。

顧況朗讀完這首小詩，拍案叫絕。他特別欣賞前四句的獨特意境，指出野草的生命力無比頑強，縱然遭到野火肆虐，春風一吹，又生機勃勃地生長和繁衍起來。仔細一想，身爲一個人，不也同樣應該像那莽原上的野草一樣，在逆境中頑強地鬥爭，倔強地生存嗎？看不出來這名年輕人年紀輕輕就能寫出這樣意涵深遠的詩句，當下便對他刮目相看。

於是，他改變口氣說：「你能寫出這樣好的詩句，想在長安居住就容易了。」

由於顧況的讚賞和介紹，白居易詩名大振。後來參加進士果然中舉，開始其官途生涯，一身的才名也得以施展抱負。

野草雖小微不足道，但是頑強的生命力卻得以連綿不絕、生生不息。當環境惡劣無法生存，枝葉枯萎，只要根還留住，來春時，便又欣欣向榮。

白居易確實描述貼切，做人應當有志氣，也當效法野草精神，即使遭逢逆境打擊，也不要退縮喪氣，等待良好時機，再度重振旗鼓，重新出發，一直到成功達到目標爲止。

或許你會認爲，小草就是小草，長得再好也還是不起眼，沒人理會，但是別忘了，孟德爾之所以會發現生物遺傳法則，甚至於影響到後來達爾文的物種源始學說，就是起源於一株豌豆苗。

沒有一棵樹會和別棵樹長得一模一樣，就像同樣枝葉茂密，樹上依附生長的生物族群也不會相同。每個人有每個人的用處，每個人也有每個人的成就，相信自己，即使是一株小草也有其存在的價值。

沙漠是何其艱困的生存環境，因爲明白了這一點，旅人將會更加驚喜於陣雨之後繁亂盛開的草花，那份生命與堅持之美，勝過溫室盆花千萬數。

重要的不是誰看見了，而是認眞去完成了。

自我肯定，就有無限可能性

生命中有一隻幸福鳥，就在前方等著，即使遭逢了種種困頓，即使失敗和挫折交相來臨，也不要放棄追尋人生的幸福。

奧立佛．哥德史密斯曾說：「我們最大的榮耀，不在於從未失敗，而是在每次跌倒之後，都還能再爬起來。」

勸人振作時，我們總會說：「失敗沒有什麼了不起，每個人都失敗過，跌倒了，站起來就好。」

如果失敗的次數多了，沮喪一次疊過一次，眞的也是相當大的打擊。當失敗一個接著一個來臨時，還能夠勇敢再站起來的人，毅力與勇氣，確實值得讓人敬佩。

哈倫德．山德士就是一個這樣的人。

哈倫德的父親是一名印第安那州的窮農民，哈倫德才五歲，父親就過逝了。十四歲時，他從格林伍德學校輟學，便開始了流浪生涯。

他在農場幹過雜活，每天都過得很不開心，後來還當過電車售票員，同樣也是生活不順遂。十六歲時，他謊報年齡加入軍隊，軍旅生活艱苦，他自然開心不起來，好不容易挨到一年服役期滿後，他去了阿拉巴馬州，將所有的積蓄開了家鐵匠舖，沒想到沒多久就倒閉了。

後來，他在南方鐵路公司當上了機車司爐工。他很喜歡這份工作，以為終於找到了自己的位置，十八歲時熱熱鬧鬧地娶了老婆，沒想到過了幾個月才剛得知老婆懷孕，卻在同一天被公司裁員。

雪上加霜的是，當他正苦惱於找不到工作的時候，老婆竟偷偷變賣了所有的家產逃回娘家。

不論如何，他苦撐過了經濟大蕭條的時代，可是命運竟如此多舛，他的努力一次又一次失敗，他賣過保險也賣過輪胎，經營過一艘渡船，也開過加油站，只是都沒有好結局。

他最後來到一家餐館工作，好不容易爬上主廚的位置，沒想到都市計劃將一條公路劃過那家餐館，他的工作再度面臨了終點。

此時，他已屆退休年齡，當然他並不是第一個也不會是最後一個年屆老年卻沒有任何人生歷程值得炫耀的人。但是，他卻有一般人所沒有的信念，無論他需要面對多少的失敗和不成功，仍然相信幸福鳥肯定在某個他尚不能企及的地方，揮動翅膀。

如果不是收到那一張社會保險的支票，他不會意識到自己已經是一名老人。政府同情六十五歲以上的人，認爲他們已經年老，無法工作、無法自力更生，於是寄給他們一張一百五十美元的支票，要他們安老過完一生。

這樣的想法令哈倫德很生氣，他的年齡或許大了，但他還能動，還能努力，並不是一無是處。於是，他將那筆錢，投資在一份新事業上，結果幸福鳥終於飛來了，他的事業獲得前所未見的成功。在他八十八歲高齡的時候，肯德基家鄉雞不只風靡了全美，更在世界上引起連鎖風潮，分店據點遍佈全球。

蕭伯納說：「對我來說，人生既沒有美麗，也沒有羅曼史，人生就是原來的面目，因此，我預備以原來的面目接受人生。」

接受生命中的不完美，追求人世間的圓滿，或許這一生我們沒什麼値得向人炫耀的功績，但我們仍應爲自己感到驕傲，因爲我們曾經努力過。

哈倫德深信，在他的生命中有一隻幸福鳥，就在前方等著他，準備向他飛來，即使生命中遭逢了種種困頓，即使失敗和挫折交相來臨，他仍不肯放棄追尋人生的幸福。

也是這份決心與毅力，爲他帶來了人生最後也最亮的光環，在光芒的照射下，過往的種種黑暗漸漸淡成了灰影，終於消失無跡。

美國人口計劃專家瑪格麗特·桑格斯特在自己的書裡寫下這樣一句話：「親愛的，在日落時分，讓你感到有點兒心痛的，並不是你所做的事，而是那些擱下沒做的事。」

想做的事，現在就可以動手去做，不必在乎年紀多大，這樣在我們安眠之刻，心底的懊悔就能減少許多。

相信自己，肯定自己，時間或許能在你我的臉上留下痕跡，卻不會減損我們的內在特質。

《法句經》有言：「水一滴滴地填滿容器，同樣的，追求完善的人，也逐漸流滿善。」

我們雖然知道自己不能十全十美，但我們卻能夠一點一點向完善靠近，當我們靠得越近，我們益發能夠肯定自己爲了成爲一個良善的人所做的努力，那將會令我們感到欣慰與喜悅。

追求自我人生的意義

眾人約定的「理想」束縛住我們的腳步，多少人因為被迫走上那條路，即使顛簸踽行、跌跌撞撞，也得咬緊牙根繼續前進。

文學評論家朱光潛曾說：「世間人生來，有時候在演戲，有時候在看戲，而這演員與觀眾的角色如何調適，重點在於你如何改變心境。」

在現實生活中，我們最難適應的就是角色的調適問題，其實，有時候只要我們稍微改變一下根深柢固的念頭和成見，就可以輕易地扮演好自己改變之後的角色，進而去面對不一樣的人生。

記得曾經聽過一個有趣的例子。

有個母親帶著兒子坐公車，公車上乘客見男孩可愛便和他們閒聊起來。

乘客問男孩：「你今年幾歲呀？」

男孩回答：「五歲！」

「那你將來要做什麼呀？」

「上○○小學，用功讀書，考第一名。」男孩看著窗外來來往往的車輛，一臉興味十足的模樣。

「然後呢？」乘客訝異男孩成熟的回答，微笑地點點頭。

「上○○國中，用功讀書，考第一名。」像背書一樣的答案，俐落地從男孩口中說出來。

「這麼棒啊！那然後呢？」

「用功讀書，考上第一流的高中。」

對話就這麼繼續下去，男孩以童稚的聲音說著他理想的未來遠景，考上台大，成爲碩士、成爲博士，乘客驚訝的眼神和男孩母親驕傲的微笑相映成趣。最後，乘客還繼續問：「然後呢？」

男孩兩隻手假裝抓著方向盤，轉來轉去，開心地答說：「我要當公車司機，每天開車出去玩。」

很有趣吧！一般人視爲理想平順的遠景與人生道路，在小男孩眼中，還不如當個公車司機來得威風、有趣，可以開著車子到處去玩。

當然，公車司機的工作絕不如男孩所想的單純，肯定會有它的甘苦，但對男孩來說，那是一個在他生活中可以見到的有趣工作，比當什麼博士、碩士來得實際多了呢！

其實，我們常常受制在所謂大衆眼光的刻板印象中，那些衆人約定的「理想」束縛住我們的腳步，多少人因爲被迫走上那條路，即使顚簸踽行、跌跌撞撞，也得咬緊牙根繼續前進，否則就是沒出息，就是不長進。彷彿唯有走在那一條道路上的，才算是眞正的人。

認真學習才能激發創意

乍看之下沒有意義與遠景的事物，往往很難讓人持久不懈，但是，我們永遠不會知道哪些知識是我們需要的，哪些又是我們不需要的。

在學習的過程中，總有些是我們喜歡、拿手的科目，也有我們討厭、蹩腳的科目，然而，不論如何，我們都得去學，最喜歡的儘量爭取一百分，就算再討厭也得想辦法及格。

十九世紀丹麥存在主義哲學家齊克果說：「人生是往前活，但必須回首才能了解。」

你學到的東西，有助於你的自我認同，將會決定你是個怎樣的人，並給予你了解世界的包容力。

廣泛地學習，能夠幫助我們開展眼界，能夠讓我們開拓心靈，不至於如井底的小蛙一般，把持著小小的成就便沾沾自喜。畢竟這個世界，眞的是很大的。

關於學習，古希臘大哲學家蘇格拉底有他的看法。

開學第一天，蘇格拉底對學生們說：「今天咱們只學一件最簡單也是最容易做的事。每人把胳膊儘量往前甩，然後再儘量往後甩。」說著，蘇格拉底示範做了一遍，然後，要求大家從今天開始，每天做三百下。他問：「大家能做到嗎？」

學生們都笑了，大家心想，這麼簡單的事，有什麼做不到的？於是，一個個和老師做了約定。

過了一個月，蘇格拉底再問學生：「每天甩手三百下，這麼簡單容易的事，哪些同學堅持了？」

每一個同學都驕傲地舉起了手。

又過了一個月，蘇格拉底又問有哪些同學堅持了，但這回，堅持下來的學生只剩下八成。

一年過後，蘇格拉底再一次問大家：「請告訴我，最簡單的甩手運動，還有哪幾位同學堅持了？」

這時，整個教室裡，只有一人舉起了手。這個學生就是後來成為古希臘另一位大哲學家的柏拉圖。

的確，乍看之下沒有意義與遠景的事物，往往很難讓人持久不懈，但是，我們永遠不會知道哪些知識是我們需要的，哪些又是我們不需要的。

就如齊克果所說，「必須回首才會了解」，我們總是事到臨頭了才懊悔「書到用時方恨少」，但是為時已晚了。

在學校裡，所謂的通識課程，往往會被學生視為營養學分，既不須要花腦力學習，老師也不會過度要求，彷彿大家只要把自己打算專精的科目學好就成了。

這些通識課程或許與我們未來的專業沒有直接關係，但是這些課程卻會影響到我們如何成為個社會人。

例如，一個學數理的學生，如果對於史地文學完全沒概念，那麼終究是會成爲一個無趣的人。

同樣的，一個熱愛藝術的學生，只有滿腦子虛幻夢想，卻完全不肯了解生活現實，最後也很會難在社會中生存。

換個角度來想，不同的科目領域也代表著不同的思維方式，多方涉獵，將有助於我們不致於走入某一個想法的死胡同中，同時還可以激發出無窮的創意。

比方說，現在電玩遊戲最熱門的角色扮演，需要的不只是寫程式的高手，也需要美形的人物與背景，還需要有特色的情節與對白，如果我們只專注在一個領域中努力，而忽略了其他方面的需求，那麼做出來的成品，多少都會有些缺憾。

基本功課很重要，但是基本功課也最無聊，如果能夠找出一個方法，將興趣與學習功課扯上關係，那麼學習和唸書就會變得有趣多了。

09

冷靜，才能隨機反應

冷靜下來，將整件事從頭到尾咀嚼一遍，
預想幾個方案以應付不時之需，
才不致於腦袋空空、不知所措。

將嗜好融入工作之中

努力尋找出對工作與生命的熱情吧！設法將自己的興趣和工作連結在一起，是個好的開始。

高失業率讓許多上班族都因此神經緊繃，深怕自己也成爲下一個受害者，在沈重的工作壓力之下，彷彿只要主管再多一點指示、叨唸，深埋在心中的怨氣忍不住要像火山一樣爆發。

在公司逆來順受的滿腹怨氣無處宣洩，回到家中容易遷怒在親人身上，製造家庭緊張，每天活在痛苦中之。

根據統計，大約有百分之八十的就業人口每天一大早起床後，開始幫他們一點也不尊敬的人，做極度痛恨的工作，只爲了一份微薄的薪水，卻如此日復一日耗去了他們長達四十年到五十年的青春歲月！

你屬於這群人中的一分子嗎？你應該如何走出這種困境呢？

凱西以前在一家律師事務所工作，一年秋天，她前去探望定居法國的哥哥，在哥哥的帶領下，參觀了附近的雕刻坊。

原本，雕刻對於凱西來說，還是非常陌生的東西，但那一天起，凱西卻從此找到了真正可以改變她一生的興趣。

懷抱著巨大的熱情，她開始頻繁地出入雕刻坊，學習所有和雕刻有關的知識。此後，她一邊從事日常工作，一邊利用業餘時間進行雕刻。漸漸的，雕刻在她生活中所佔的位置越來越重要，各種各樣的材料和工具把她的房間擠得滿滿的，以致於不得不在家裡開設工作室。

她的努力很快就得到了回報，她的作品不斷出現在最新的藝術展上，還有不少藝術館要求收藏。

最後，她辭掉了事務所的工作，全力投入雕刻，現在，她已是一位很有影響的藝術家了。

同樣的，比爾也是一位將愛好和工作結合起來，讓生活變得充滿樂趣的人。他的工作雖然是物理治療，但卻酷愛飛行，所以，他選擇在偏遠的遊樂區工作。

每逢假日，那裡會湧入許多遊客，而且總是有人意外受傷，他便用直升飛機把傷患帶到城市進行治療。

這樣，比爾的工作便不再是令人煩悶厭倦了，每天他都覺得精神抖擻，在飛行中感覺到了生活的美好。

你可聽說過有哪個人討厭自己的工作，而獲致很大的成功？

英國作家塞爾斯曾經說道：「為什麼工作竟然是人們獲得滿足的如此重要的源泉呢？最主要的答案就在於，工作和透過工作所取得的成就，能激起一種自豪感。」

相信你一定聽說過，成功的秘訣，就是把自己的工作和自己的興趣密切結合在一起。

對於工作，我們會對於報酬的多寡斤斤計較，但相對的，如果是興趣，我們不只會樂意無酬參與，有時候就算花上大把鈔票都心甘情願。

美國作家蘇．亞契莉．艾寶解釋這種現象說：「在夢想和渴望裡頭，我們找到自己的機會。」

所以，努力尋找出對工作與生命的熱情吧！

設法將自己的興趣和工作連結在一起，是個好的開始。

也許，你覺得根本不可能，但回顧一下凱西和比爾的例子，說不定能給你一點全新的想法。

或許，將興趣當成工作，對我們來說等於必須重新開始，但如果我們已經無法從現有的工作之中獲得應有的成就感，那麼又何妨將熱情投注在自己的興趣之中呢？

藝術大師達文西曾經提醒我們說：「好好渡過一天能得安眠，好好運用的一生能得安息。」

全心投入得來的收穫，必然能讓你大吃一驚，也能讓我們渴求自我成就的心，得到充分的滿足。

給對刺激，用對方法

根據艾瑞克森的刺激增強理論，正向刺激和負向刺激都能達到行為改變的效果。

民主的社會，我們必須尊重每一個不同的答案，也必須給予每個人思考和抉擇的空間。

相對的，假使我們想要得到相同的答案，那麼我們就得透過不同的方法，才可能個個擊破，達成目的。我們必須相信，「人有無窮的潛力」，什麼事都有可能發生的，只要你給對了刺激。

美國潛能學大師安東尼．羅賓曾在一次訓練課程上問他的學員：「如果你吃下一大碗的蟑螂，就可贏得一萬元獎金，你是否會一試呢？」

不用說，絕大多數的人不敢試。

原因是什麼呢？因爲在他們的過去的經驗，對於蟑螂的模樣都留下極惡劣的深刻印象，從來也沒想到要去吃牠。

然而，當羅賓把獎金提高到十萬美元後，課堂上開始有點騷動了，幾個人遲疑地舉起了他們的手。

爲什麼先前他們根本就不考慮，這會兒又決定要爲十萬美元獎金一試了呢？是他們的思考系統出了什麼毛病嗎？

理由有二：第一是問題變了，雖然只變動了一個數字，卻是代表增加十倍的報酬。第二則是他們認爲值得爲十萬美元獎金一試，因爲當他有了這筆錢就可以解決不少問題，相較於吃掉這一碗蟑螂，一時的痛苦是可以忍受的。

照這麼看來，如果把獎金提高到一百萬美元，這輩子就可以不必再爲生活擔憂而奔波勞苦了，去吃一碗蟑螂，這點小小的痛苦算得了什麼？

然而，就是有人不管羅賓把錢怎麼往上加，他們都抵死不願一試，當然，他們這樣的決定也各有他們的原因。

根據艾瑞克森的刺激增強理論，正向刺激（渴望的誘因）和負向刺激（排拒的事物）都能達到行爲改變的效果。

所以，我倒是覺得，對於那些給再多錢也不願意一試的人，是因爲羅賓給錯了增強物。因爲，錢對他們來說，或許沒有重要到可以克服對蟑螂的恐懼，但總有別的事物可以做到，比方說「生命」，不吃就會死的話，他們究竟吃不吃呢？

假設有人連死都不怕，抵死不從，而你又堅持要達成讓他吃蟑螂的目的，那麼你就必須找出眞正足以威脅他的弱點。

光是一個簡單的問題，不同的人就有不同的體驗，也有不同的答案，很有趣是不是？

拿破崙說：「『不可能』這個字，是我字典中所沒有的。」

這句話提醒我們，什麼事都有可能成功，只要你用對了方法。

激將法也是致勝的籌碼

冷靜自若，成為一個懂得激將卻不易受激的人，在短兵交接的時刻，無疑多了幾分致勝籌碼。

有求於人的時候，有兩種方法，一種是捧著好處放低身段地請將，另一種則是拉高姿態惡意激將。

雖然不是每個人都適用，但有時候激將法運用得好的話，往往能夠達到四兩撥千斤的效果。

義大利著名音樂家朱塞佩·威爾第以《阿依達》等歌劇聲名風靡世界。一天，他乘坐的那列火車停靠在一個小城市的車站，而這個車站的站長就是一個極其崇拜威爾第的人。

因此，當站長發現偶像威爾第近在眼前，便想趁此機會與這位難以接近的音樂大師說說話，並想如果能得到他的親筆題名就再好不過了。

於是，這名站長想出了一個「歪點子」。

突然，威爾第乘坐的火車車門大開，站長走了進來，表示要對每一位乘客查票。威爾第把票遞給了他，他查完票後，故作負責的樣子開始發問：「這個車廂比較髒，您不覺得討厭嗎？」

「我並不覺得髒啊。」威爾第不置可否地說。

「就算這樣，您也不該把腳踩在對面的座位上呀！一個有教養的人絕不應該這麼做。」站長擺明了找麻煩。

「你把我看作沒有教養的人了？」威爾第聲音高了起來。

「對，正是這樣。」

「哼！這簡直太過分了！請把您的意見本拿來！」威爾第這下子真的被惹火了。

站長馬上跑出去把自己預先準備好的簽名簿拿了回來。威爾第一拿到本子就立刻振筆疾書，在上頭寫滿了自己的意見。

這時站長覺得「陰謀」得逞，馬上講明了自己的「騙局」，並請求這位音樂大師寬宏原諒，威爾第聽了後還是樂呵呵地簽上了自己的名字。

像這個車站長利用刻意激怒對方，達成自己目的的方法，就是運用了激將法。

當然，車站長也可以一開始就表明自己的想法，請求威爾第幫他簽名，但是，威爾第很可能爲了不引起衆人的注意或嫌麻煩，不肯簽或是乾脆不承認自己是威爾第，如此一來，車站長也拿他沒辦法。

沉不住氣的人，特別容易受激，有些事一怒而成，但是很多時候，受激者往往不能冷靜地判斷是非，造成憾事。歷史上，很多戰爭原本有利的一方，就是因爲中了對方的激將法，貿然出兵，使得局勢整個逆轉。

只不過，激將法的使用也要因人而異，有些人就是沉穩有修養到讓你激不了，也是沒轍。

像東晉時，淝水之戰攸關政權存亡，宰相謝安卻若無其事地與朋友下棋時，後來得知姪兒謝玄力克敵人，獲得勝利，也同樣喜不形於色，依然冷靜下棋。

而三國時代，諸葛亮能冷靜地以空城計騙過司馬懿的十萬大軍不戰而退，又能一言激得孫權同意出兵對抗曹操，稱得上是一名深諳情緒智慧的人，能將這招激將法使得游刃有餘，進退從容，他能有這樣的智謀，就是充分地掌握了人性的種種弱點。

冷靜自若，成為一個懂得激將卻不易受激的人，在短兵交接的時刻，無疑多了幾分致勝籌碼。

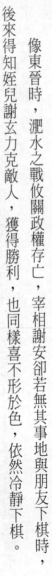

嫉妒，只是否自己的價值

認清別人的成就並不等於對自己的否定；強化自己的自信心之後，進而肯定自我價值，找出屬於自己的成就。

英國有句俗諺這麼說：「嫉妒給失敗者爛泥巴，好用來扔擲成功的人。」意思是說，失敗者往往因爲嫉妒使然，充滿惡意地破壞成功者的名聲。

這個世界就是這麼無聊，大家都想成功，都想得到別人的尊敬，卻忘記如果每個人都成功，那麼那件事也沒什麼了不起了。

嫉妒，沒錯，就是這個可悲的心態，讓我們不肯去接受別人可能勝過自己的事實，變成一個內心糾結、面容醜惡的小人。

馬克．吐溫說：「想出新辦法的人在他的辦法沒有成功以前，人家總說他是異想天開。」

這種「見不得別人好」的嫉妒心理與惡意批評，大航海家哥倫布應該感受得很深刻。

據說，哥倫布發現美洲回到西班牙後，西班牙女王特地爲他擺宴慶功。酒席上，許多王公大臣、名流紳士都瞧不起沒有爵位的哥倫布，而且基於嫉妒心理紛紛出言相諷。

「沒什麼了不起，換成我出去航海，一樣會發現新大陸。」

「駕駛帆船，只要朝一個方向航行，就會有重大發現！」

「太容易了！女王不應給他這樣高的獎賞。」

這時，哥倫布從桌上拿起一個雞蛋，笑著問大家：「各位令人尊敬的先生，你們有哪位能把這個雞蛋立起來？」

於是，那些充滿嫉妒而又自以爲能力超群的人物，紛紛開始立那個雞蛋，但左立右上，站著立坐著立，想盡了辦法，也立不住橢圓形的雞蛋。

「哼！我們立不起來，你也一定立不起來！」大家紛紛把看好戲的目光盯向哥倫布。

只見哥倫布不慌不忙地拿起雞蛋，「砰」的一聲往桌上磕了一下，蛋頭破了，雞蛋牢牢地立在桌子上。

衆人一看，騷動了起來，紛紛嚷道：「這誰不會呀！這太簡單了！」

哥倫布微笑著說道：「是的，這很簡單，但是，在這之前，你們爲什麼想不到呢？」

哥倫布一語道破這些人又妒又羨的難堪心情，但他絲毫不同情，因爲他知道，與其浪費時間嫉妒別人，還不如好好想想自己能做些什麼。

法國作家巴爾札克說：「嫉妒者受的痛苦比任何人遭受的痛苦更大，他自己的不幸和別人的幸福都使他痛苦萬分。」

如果，我們將嫉妒的心情轉化成激勵自己的動力，那麼我們或許將會在下次自己成功時，親身體驗到遭人嫉妒的感受。

根據心理學家的研究，想要克服嫉妒心理，首先，要先心理建設，認清別人的成就並不等於對自己的否定；強化自己的自信心之後，進而肯定自我價值，找出屬於自己的成就。

如此的心態轉移，就能減輕我們內心對他人的妒羨，把生活焦點放回自己身上，我們將會認同：改造提升自己，並不等於矮化他人。

認識自己、了解自己，可以讓我們更加明白：「我與他人是不同的個體，我有屬於自我的獨特性」，那麼，嫉妒的心情就能漸漸淡去了。

生活態度決定生活品質

我們不能逃避生活中的種種挑戰，但應該懂得適可而止，否則我們將不再是為自己而活，也不算真正的活過。

人類最大的弱點，就是學不會滿足，光是擁有眼前的還不夠，還要更多才行。正因爲如此，我們不斷地汲汲營營於物質生活，不斷找尋更便利的工具，企圖獲得更大的利益，往往讓自己陷入了盲目、不知爲何而忙的忙碌生活之中。

關於成功與獲利，你有什麼想法嗎？先來聽聽一個你可能聽過，但或許已經淡忘了的故事。

小鎭上一位頗有錢的五金店老闆，處理財務的方法很簡單，他把支票放在大信封內，把鈔票放在雪茄煙盒裡，把到期的帳單插到票據上。

身爲會計師的兒子，學成回到家裡探望父親，見了這種情況，不免搖頭說：「爸爸，我實在搞不清你是怎麼做生意的？你這樣子，根本無法知道自己賺了多少錢。我替你設計一套現代化會計系統好嗎？」

「不必了，孩子，」老頭說：「這一切，我心中有數，我爸爸是個農民，他去世時，我擁有的東西只有一條工作褲和一雙鞋。後來，我離開農村，跑到城市，辛勤工作積了一些錢，終於開了這家五金店。今天我有三個孩子，你哥哥當了律師，你姐姐當了編輯，你是個會計師，我和你媽媽住在一棟挺不錯的房子裡，還有兩部汽車。我是這家五金店的老闆，而且沒欠人家一分錢。」

老頭停頓了一下接著說：「好了，聽聽我的計算方法吧，把這一切加起來，扣除工作褲和那雙鞋，剩下的都是利潤。」

借錢來理財，已經是現在流行的理財方式，大家著迷於看著自己擁有的數字不斷增加，似乎也因此而滿意。很少人會像這位五金店老闆一樣，將自己的目標看得清清楚楚，爲自己的現狀感到滿足，爲自己家庭幸福美滿、生活無虞心存感激。

還記得《小王子》故事中的那名商人嗎？數了五百億個星星，只爲了把數字存在銀行裡，花了許多時間與體力忙碌，只爲了得到數字。

或許你會笑，哪有人會這麼愚昧，但不可否認的，在這個世界上有更多人本質上和那名商人沒什麼兩樣，看著房價、股票、基金數值上上下下，嘴角弧度也隨著上上下下，卻忘了那也不過是數字罷了，自己手中並沒有眞正擁有什麼。

生活的態度，決定了你的生活品質。如果說，金錢對你的重要程度勝過一切，那麼，你必定會爲了得到金錢，而犧牲生活中其他對你來說應該也很重要的事物，或許是身體的健康，或許是家人的愛。

在古代，求取功名榮耀故里，是每一位寒窗苦讀學子的心願，但總是有人與功名無緣，屢試不第，很少人能有柳永毅然決然「忍把浮名，換了淺斟低唱」，另謀出路的決心。

試想，如果就這麼一年一年考下去，豈不是無端地蹉跎歲月？難道眞的只有金榜題名才叫成就？

如果不能學著知足，我們就會成爲慾望的俘虜；愈來愈深的慾望深淵，只會讓我們萬劫不復。

我們當然不能沒有志氣，也絕不能逃避生活中的種種挑戰，但應該懂得適可而止、知足常樂，否則我們將不再是爲自己而活，也不算眞正的活過。

冷靜，才能隨機反應

冷靜下來，將整件事從頭到尾咀嚼一遍，預想幾個方案以應付不時之需，才不致於腦袋空空、不知所措。

考試的時候，再難的問題，只要經過充足的準備，大都能做出適當的答案。但是，面對臨場反應的考驗時，由於思考的時間不夠，很容易就會犯下錯誤的判斷。

有人這麼說：「過於依賴經驗來判斷，會造成反應僵化，危機來臨時當然無法做出智慧的選擇。」

這是因爲，危機不一定是過往經驗中曾經出現過的，無法事先預防，只能看事辦事、隨機反應，不夠冷靜是做不到的。

在高速公路上發生了一起車禍，兩輛轎車互相擦撞，最後終於在路邊停了下來，所幸車主都沒有受傷。雖然車主沒受傷，可是彼此受到的驚嚇卻不小，身體顫抖不已，也沒有力氣爭個誰是誰非了。

兩人就這麼在路邊坐下來，互相交換名片，一位是徐律師，另外一位是林醫生。徐律師由口袋裡掏出一小瓶酒來，對林醫生說道：「來，先壓壓驚！」

林醫生說了聲謝謝，拿起酒瓶咕嚕咕嚕灌了好幾口，才把酒還給徐律師。然而，徐律師接過酒瓶後並沒喝，反而蓋上瓶蓋放到口袋裡。

林醫生見他沒喝酒，於是問他：「你不喝嗎？」

沒想到，徐律師馬上回答：「要啊！但是，要等警察來過以後再喝。」

我們可以想像，林醫生聽了這話，大概恨不得立刻把剛才喝下去的酒全給吐出來，因為等警察來了，發現他滿嘴的酒味，怕是跳到黃河也洗不清了吧！

徐律師使用心理戰術解決車禍問題，顯然勝之不武，但大體上來說，醫師對於法律問題，當然是比不上律師。很明顯的，這起事件和之後的處理方式並不在醫生熟悉的經驗範圍之內，所以，一時不察便著了律師的道了。

喝酒不開車，開車不喝酒，是大家都知道的事，那個醫生也一定知道，但是因爲事發突然，就失去了原本的敏感度。

我們不可能期望自己對於所有的事情都瞭若指掌，但是我們卻可以給自己一點時間冷靜下來，將整件事從頭到尾咀嚼一遍，預想幾個方案以應付不時之需。

唯有這樣子，不論接下來事情怎麼發展，才不致於腦袋空空、不知所措。

更進一步的，我們還可以像故事中那名律師一般，主動出擊，先確保自己站穩有利位置。

高手過招強調的是先發制人，在走第一步棋的時候，已想到後十步棋的可能，等對手應一步棋，則想到其後數十步。主動出擊，可以讓自己保持先發主導的地位，而不是只能針對事情做出反應，相對的，還能趁對手反應的時候，有更充足的時間來思索最佳的回應方法。讓自己保持冷靜，那麼無論臨場如何變化，我們都能夠快速且正確地隨機反應。

放寬自己的生活尺度

設定得過於嚴苛，我們的行動也將因此受制，事情不能如願、挫折多了，心情難免會受到影響，快樂就離我們遠去。

整齊和凌亂哪個美？其實，這是說不準的。

在溪頭，台大有座竹林種成了矩陣，不論你從正面看、側面看、左邊看、右邊看，那些竹子都站直了一排，極爲整齊，看起來有種方正之美。

然而，著名的點滴畫家波洛克的作品，往往只有無數雜亂的線條佈滿紙面，卻能讓人從中體會出一種另類的美感。

就像整理家務的時候，由於每個人對於凌亂和整齊的定義不同，往往很容易因此而發生衝突。葛雷哥萊．拜特森和女兒的對話，也可以讓我們從中看出端倪。

一天，女兒走到葛雷哥萊．拜特森面前，問了一個問題：「爸爸，爲什麼東西總是很容易便弄亂了呢？」

拜特森便問道：「乖女兒，妳這個『亂』字是什麼意思？」

女兒說道：「就是沒有擺整齊。看看我的書桌，東西本來都設在一定的位置，可是東西一下子就不在原處，昨天晚上我花了不少時間才把它重新擺整齊，可是就沒法保持很久，所以我說東西很容易便弄亂了。」

拜特森聽完後說：「什麼叫做整齊？妳擺給我看看。」

於是，女兒便開始動手整理，把書桌上的東西都歸定位，然後說道：「請看，現在整齊了，可是它沒法保持多久。」

拜特森又再問她：「如果我把妳的水彩盒往這裡移動一、二英吋，妳覺得怎麼樣呢？」

女兒回答說：「不好，這麼做書桌又弄亂了，你最好讓桌面維護『規規矩矩』的，不要出現那些『脫線』情形。」

隨之拜特森又問道：「如果我把鉛筆從這兒移到那兒呢？」

「你又把桌面弄亂了。」女兒回答道。

「如果我把這本書打開呢？」他繼續問道。

「那也叫做亂。」女兒再回答道。

拜特森這時微笑著對女兒說道：「乖女兒，不是東西很容易弄亂，而是你心裡對於亂的定義太多了，但對於整齊的定義卻只有一個。」

記得在《未央歌》這本書裡，作者鹿橋安排過這麼一個情節，為整齊下了一個另類的定義。

一向乾乾淨淨的藺燕梅第一次參觀小童的宿舍，看到小童的床舖書櫃令她驚訝不已，忍不住笑他「亂得嚇人」，可是小童卻理直氣壯地說：「三層架子，各有專用，井井有條。」

藺燕梅笑問：「你第一層堆的是什麼？」

小童回答：「衣服和書。」

「第二層？」

「書和衣服。」

「第三層？」

「兩樣都有。」

藺燕梅笑得受不了，可小童還大聲地辯著：「理清了不久也是要亂。這樣呢，常常可以丟東西，於是也常有一下子又找到它的快樂。」

大而化之的童孝賢可眞是說足了許多人的心聲呢！拜特森的女兒和小童是天地之隔的兩個例子，一個太過自由，一個過於執著，可見得亂的定義是存在於每一個人的心裡。

我們的心中自有一把衡量的尺，主宰著我們的行爲，這把尺愈接近社會的期許，我們的行爲也就愈「正常」，但是如果這把尺設定得過於嚴苛，我們的行動也將因此受制，動輒得咎，事情不能如願、挫折多了，心情難免會受到影響，快樂就離我們遠去。

相反的，如果我們能適當地把尺度放寬一點、放鬆一點，那麼生活也會過得比較輕鬆。

不要為了工作而忘了生活

我們為了生活而投入工作，卻因為工作而忘了生活。認清自己的目標，永遠讓自己當生活的主宰，別被錢牽著鼻子走了。

我們必須付出勞力與智慧來賺取我們需要的報酬，因爲生活確實是一項需要花費的事。

但是，在我們一股腦地投入之前，最好能先爲自己設定一個目標，一旦達成了，就先跳出來休息一下，找回自己呼吸的方式。

否則，當有一天我們成爲優秀的工作機器時，很可能忘了自己究竟爲了什麼而努力。

對任何一個企業而言，要維持企業始終保持在賺錢的狀態，是一場長期抗戰。喬治就是擁有了一個由許多公司組成的大企業負責人，但他也因此深陷在維持企業正常營運的泥沼之中，種種的煩惱讓他鎮日頭疼欲裂，苦不堪言。有一天，喬治終於下定決心，決定把所有的公司賣掉。

他賣掉公司的次日，銀行裡馬上就多了一大筆錢，這天，一個好朋友前來和他共進午餐。

「明天開始，你打算怎麼處置這一大堆錢？」朋友問喬治。

喬治回答說：「首先，我要給自己買一輛新車子，再為我老婆買個鑽石戒指。」

「這個主意看起來不錯！你辛苦工作那麼多年，值得擁有這些。但這兩樣總共也不過花掉你百分之一的錢，其他的錢你打算怎麼處置？」

「接下來，我打算投資房地產或是一間已成氣候的小公司。」喬治毫不猶豫地回答。朋友聽了簡直不敢相信自己的耳朵。

「你不是才剛剛從經營企業的風險裡逃出來嗎？」這位朋友聽了，驚叫著說：「怎麼會想出再買一家公司這種主意？我實在看不出這有什麼道理。喬治，不管你承不承認，你這是自找麻煩。你就是沒法子把你的錢、黃金和一些債券放在一邊去享受人生，因此你要把一種冒風險的投資換成另外一種冒風險的投資，認爲如此你才能賺更多的錢，不管你是不是眞的需要這些錢。事實上，你只是換湯不換藥，只不過是由一項有風險的投資換成另一項而已。」

喬治對朋友坦直的評語頗爲不以爲然，但朋友只是單刀直入地指出：「我們一旦被『必須要更多』的鉤子勾住，一生便無法擺脫這個束縛。」

一定有很多人也像喬治一樣，對這名朋友的話很感冒，本來嘛，錢哪有嫌多的呢？就像有人最不齒的一句話就是：「錢，夠用就好了。」

因爲，天底下有誰能把「錢，多少才夠用」這個問題，說明得清楚明白？但是，如果我們不能想辦法跳出這樣的想法，我們就將陷入「錢，永遠不夠」的困境之中，我們將看不見許多生活中的美好，因爲我們連賺錢的時間都不

夠了，還談什麼享受呢？

很多人就是這樣讓自己遭受了類似的不自主行爲控制。我們根本不關心我們能買多少，而只在意我們能賺多少，只是不斷地玩著所謂明智投資的遊戲，只以賺錢的多寡作爲表現的指標。

最諷刺的事莫過於：我們爲了生活而投入工作，卻因爲工作而忘了生活。人，應該認清自己的目標，永遠讓自己當生活的主宰，別被錢牽著鼻子走了。

幸福的感覺必須用心體會

有慾望，才會有夢想，而有夢想，才有人生努力的目標。但是如果只是不斷地沉浸在幻夢之中，是不會有任何獲得的。

夢想是美好的，每個人都希望自己有一天能夠美夢成眞。夢想，給了我們生命前進的動力，以及忍受現實困境的耐力。

只不過，往往我們會將夢想設定得太高太遠，認爲得到夢想的方法很困難，以致於常常輕忽了，希望與幸福其實就在身旁。

然而，不珍惜自己所有與不知足身旁的幸福，當失去的那一刻，痛苦與懊悔將更甚於那追求不到的夢想。

有這麼一個「金鳥」的寓言故事告訴我們，幸福是多麼容易因爲我們的輕忽，而從我們的身邊溜走。

有一個樵夫，每天上山砍柴，日復一日。一天，樵夫在上山砍柴的途中，見到一隻受傷的銀鳥。

看見銀鳥全身裹著閃閃發光的銀色羽毛，樵夫欣喜地驚呼：「哇！我從來沒有看過這麼漂亮的鳥！」於是，他把銀鳥帶回家，專心替銀鳥療傷。

在療傷的日子裡，銀鳥每天唱歌給樵夫聽，樵夫過得很快樂。

有一天，鄰人看到樵夫的銀鳥，告訴樵夫他看過金鳥，金鳥比銀鳥漂亮上千倍，而且，歌也唱得比銀鳥更好聽。樵夫想著，原來還有金鳥啊！從此樵夫每天只想著金鳥，再也不仔細聆聽銀鳥清脆的歌聲。希冀難得，讓他萬分沮喪，日子也過得越來越不快樂。

樵夫鎮日坐在門外，望著金黃的夕陽，幻想著金鳥的美。幾個月後，銀鳥的傷已經康復，準備離去。銀鳥飛到樵夫的身邊，最後一次唱歌給樵夫聽，樵夫靜靜地聽完，沒有欣喜與感動，只是很感慨地說：「你的歌聲雖然好聽，但是比不上金鳥；你的羽毛雖然很漂亮，但是比不上金鳥的美麗。」

於是，銀鳥在樵夫身旁繞了三圈作爲告別，便朝向金黃的夕陽飛去。

樵夫望著遠去的銀鳥，突然發現在夕陽的照射下，銀鳥竟變成了美麗的金鳥；他夢寐以求的金鳥，原來一直就在自己身旁，但牠已經飛走了，飛得遠遠的，再也不會回來。

美國知名作家魯塞．康韋爾在《鑽石之地》中寫道：「鑽石並非藏諸深山或彼方大海，它們就埋在你後院，如果你願意用心挖掘。」

樵夫本來以自己能擁有銀鳥爲樂，卻只因爲旁人的一句話而改變了心意，繼而影響了自己的心情。他爲他企求不到的夢想而感到沮喪，他爲他擁有得不夠多而感到失望，原本快樂自足的生活，頓時成了欲求未滿的煉獄，他沒有發現他的生活在知道有金鳥存在之前與之後其實並沒有兩樣。

的確，有慾望才會有夢想，而有夢想，才有人生努力的目標。但是，如果只是不斷地沉浸在幻夢之中，是不會有任何獲得的；那就像是醉了酒、吸了毒，只

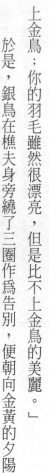

是對現實的一種逃避。

康韋爾的話說得很好，許多事物只掩埋在塵土、潮水之中，遮蓋了原有的光華，未經用心挖掘、琢磨、洗滌，是看不見的。那些並不一定需要橫山跨海去追尋，可能就在你我周遭，可能就在你我身旁。

如果我們不去發掘、不去體會，甚至不懂珍惜，那麼等到某一天，當那些珍寶如同那美如幻夢的金鳥般消逝時，無盡後悔的感受再怎麼苦澀，我們只能吞下。

別再抱著虛浮不切實際的幻想不放了吧！別人的樓房蓋得再美，也終究是別人的，我們如果真的想要，就要自己想辦法蓋一棟，否則就只能望樓興嘆。再說，我們又如何得知，那完美的樓房真的比得上自己的小窩溫暖？

10

面帶笑容，可以吸引快樂能量

面帶笑容對自己的人際關係來說總是無往不利的。

只要你養成逢人就親切微笑的好習慣，

保證能吸引快樂的能量。

面帶笑容，可以吸引快樂能量

面帶笑容對自己的人際關係來說總是無往不利的。只要你養成逢人就親切微笑的好習慣，保證能吸引快樂的能量。

當嘴角微微向上揚起的時候，我們稱之為「微笑」。

你常笑嗎？你看過自己微笑的樣子嗎？

找個時間對著鏡子笑笑看，你會發現自己多多少少有點不一樣了；沒錯，變得可愛多了。舒展開來的眉頭和放鬆微揚的嘴角，使你整個面相都柔和了起來。

當然「假笑」和「皮笑肉不笑」總難免讓人看起來有點快起雞皮疙瘩的感覺，但是當一個人咧嘴一笑的時候，真的會讓人感覺親切許多。

俗話說：「伸手不打笑臉人」就是一個好例子，當一個人對你微笑的時候，其實眞的蠻難生得了氣的。

有人說早上起床的時候，對著鏡子大笑三聲，那一天的心情都會很好，做事也會特別順利，可見得「笑」對我們的生活來說有多重要。

在美國有過這樣一個例子。

有一根電線斷了，意外地甩到路過的一個小孩臉上，雖然沒有造成致命的傷害，可是小孩左邊的臉頰因此燒傷了。

小孩的父母一狀告上了法院，開庭的時候，原告的辯護律師要小孩把臉轉向陪審團笑一笑，結果，他只有右臉頰能笑，左臉頰因神經被燒壞，根本就笑不出來。

只花了幾分鐘，陪審團就一致通過，小孩應該獲得兩萬美元的賠償金，從此決定了微笑在法律上的價值。

在場旁聽的每一個人，都能體會陪審團的想法，一輩子都笑不出來，這樣的傷害實在太大了。

微笑代表了友善、親切、禮貌與關懷。

不會笑的人，彷彿身旁的空氣都鬱悶得難以流動，待久了可是會讓人窒息的。殊不見，在諸多場合之中，一旦氣氛僵過了頭，只要有人出來打打圓場，說幾句幽默話，能夠博得衆人一笑，笑開了，場面也就不至於太難看，大家也能趁機喘口氣。

日本心靈諮詢大師小池能里子曾經說過一段論述：「微笑時會傳遞給大腦好的訊息，例如『現在心情非常好』等等，於是讓大腦將好的指令傳送至全身，使心靈安定，同時荷爾蒙分泌活絡，消化活動旺盛，使得身體越來越健康。此外，控制笑的中樞神經在右腦，與控制情緒的神經相結合，因此笑能『使右腦活性化』，引發新的靈感與想法。」

在美國更有所謂的「笑聲療法」，主張利用愉悅的笑聲來減除病患身體上的不適感。

這就是「笑」的力量，當然，不用老是誇張的瘋狂大笑，也無須裝瘋賣傻地傻笑，大部分的時候微笑就夠了，面帶笑容對自己的人際關係來說總是無往不利的。

想成爲人見人愛的寵兒，只要你養成逢人就親切微笑的好習慣，保證你廣結善緣，事事順利成功。

面帶笑容的人能吸引快樂的能量，如果你從來沒有笑過，也不知從何微笑起，不妨現在就去買一面鏡子，每天面對著鏡子勤加練習吧！

愛，要勇敢表現出來

勇敢將心裡的愛表現出來，真心地傳達出對對方的支持；激盪出彼此生命中璀璨的火花。

雖然泰戈爾的詩寫得很美：「我想，我願意按著愛情自己的曲調，來唱出愛情的歌詞，但聲音只是在我心裡，我的眼睛卻又是默默無語。」但我想，愛情若光是在心裡想個不停，對方是很難接收得到的。

俄國大文豪杜思妥也夫斯基曾經這麼說：「只有愛情是不夠的，要體現在行動中。」

大部分的人都沒有超能力，當然很難猜到別人的心裡在想什麼，所以我們需要語言，很多事情我們非常需要說出來。比方說「愛」，或許說的時候很令人難為情，很讓人難以開口，但一旦說了，我們將發現說與不說，結果截然不同。

有一名男子因故要到瑞士去，他在機場告別了妻子便搭機飛往瑞士。十天後，事情辦完了，也買好回家的機票，然後他先繞到電信局打算發電報給妻子。

他擬好電文，然後交給一位女營業員，對她說道：「麻煩幫我算算總共要多少錢？」

她講了個數目，他卻發現自己手頭上的現金不夠，眼看登機的時間就要到了，只好對營業員說：「那麼，把『親愛的』這幾個字從我的電報中去掉吧，這樣錢就夠了。」

「不，」那名女營業員一邊反對，一邊打開自己的手提包掏出錢來，「我來為『親愛的』這幾個字付錢好了，做妻子的一直渴望從他們的丈夫那兒得到這個字眼呢。」

其實，豈止在夫妻之間，就算在親人朋友之間，我們都應該適時地去表達我們的「愛」。

然而，含蓄的天性，讓我們總是不敢說愛，不好意思示愛，卻往往錯過了愛可以發揮的力量；等到失去了，錯過了機會，一切都難再從頭開始，難過、失落與傷懷，都很難被撫平。

美國作家左娜．蓋兒曾經說：「愛像祈禱一樣，是過程也是力量，具療效又富創意。」

我們能從別人對我們的愛中得到力量，使我們察覺到自己在對方心中不可或缺的存在，從中體會到安全自在的感受。

我們知道自己喜歡被尊重、被愛護的感覺，相對的，我們也應該給予關愛我們的人相同的回報。

勇敢將心裡的愛表現出來，真心地傳達出對對方的支持；讓我們成為彼此心靈的後盾，有了這分愛的力量，我們將能更有勇氣地前進，激盪出彼此生命中璀璨的火花。

付出，不要只做表面功夫

如果我們行有餘力，真的不要吝於伸出援手，但我們千萬要記住，以尊重別人為出發點，我們的付出才有意義。

有人說：「真正的關懷應該是了解對方的痛楚，靜靜地陪伴他，並給予非刻意的安慰。」

從事公益活動或關懷別人，需要的不只是捐贈金錢，也不是虛情假意做做表面功夫就了事，如果無心，還不如不做。

這是發生在英國的一個眞實故事。

有一位孤獨的老人，因爲無兒無女，又體弱多病，當他的身體漸漸不堪負荷時，不得不忍痛決定搬到養老院去。於是，老人張貼告示宣佈將出售這棟他所居住的漂亮豪宅。

購買者聞訊蜂擁而至。住宅底價是八萬英鎊，但房子的狀況保存得很好，想搶購的人很快就將它炒到十萬英鎊了，而且價錢還在不斷攀升。

老人深陷在沙發裡，滿目憂鬱，掩不住沮喪的神情，要不是健康情形眞的不行了，他是不會賣掉這棟陪他度過大半生的住宅的。

這時，一個衣著樸素的青年來到老人跟前，彎下腰，低聲說：「先生，我也很想買這棟住宅，可是我只有一萬英鎊。」

「但是，它的底價就是八萬英鎊啊。」老人淡淡地說，「現在，它已漲到十萬英鎊了。」

青年並不退卻，他眞誠地說：「如果您願意把這幢屋子賣給我，我保證會讓你依舊生活在這裡，和我一起喝茶、讀報、散步，天天都快快樂樂的。請相信我，我會全心全意地照顧您！」

老人頷首微笑，緩緩站了起來，揮手示意人們安靜下來。

「朋友們，這棟住宅的新主人已經產生了，」老人拍著青年的肩膀，「就是這個小夥子！」

再多的財富，也比不上一雙溫暖的手。

對老人來說，金錢已經不足以給予他歡樂，因爲他將被迫離開這棟生活已久的房子，離開熟悉的環境，縱使金錢可以讓他換得更好的物質享受，恐怕也享受不了多久了。

那名青年得以獲選的原因，在於老人所需要的是眞心的陪伴，而這名青年願意眞誠付出，這的確是最好的結果，對雙方來說都是好交易。

有些學校課程或藝人活動，會安排學生或藝人前去孤兒院或老人院「慰問」，讓他們「親切」地與那些老人或小孩交朋友，其實，這樣的行爲並不足以讓人感動。

因爲，今天他們享受了這些人的「關懷」，那明天呢？明天他們還會再來嗎？從有到無的失落感，其實更令人沮喪，更不用說像一些官員爲了做秀，而像

「沾醬油」一樣地露個面，拍拍照就算了。

有位經常利用假日做社會服務的朋友說：「同樣花一天時間，與其虛情假意地陪他們聊天，倒不如親手幫他們擦窗、打掃、送便當來得實際。」

這個社會裡眞的有許多弱勢族群需要我們去關心，如果我們行有餘力，眞的不要吝於伸出援手，但是，我們千萬要記住，他們需要的是認同、是接納，而不是同情，也不是憐憫；唯有以尊重別人爲出發點，我們的付出才有意義。

尊重，是建立良好人際關係的基石

逞一時口舌之快，並不能帶來什麼實質的效益。你損人家，別人自然會損你，出口之前多多三思吧。

朋友之間，因爲感情太好，難免會口無遮攔、百無禁忌，總認爲開開玩笑沒什麼大不了的。然而，有時候玩笑開過頭了，我們眞的能敞開胸襟一笑置之嗎？

面對敵人的挑釁，往往因爲心裡做足了防備，眞正的傷害反而不大，但遭到自己親暱信任的人，不經意地刺中自己的弱點，即使臉上撐著笑，恐怕心裡還是會頗爲傷痛吧！

一個人是否成熟完美，不單單在於他是否「知道」自己，還要能夠「知道」別人。所謂「知道」，是指明瞭對方的感受與思想。

蘇東坡和佛印和尚是很好的朋友，但是兩人都喜歡彼此嘲諷對方，每次碰著了，不互相較勁一番總不肯罷休。儘管這樣激烈的唇槍舌劍常常上演，卻似乎沒有減損他們的友誼。

據說，有一天，蘇東坡與佛印兩人一起坐著打禪。一會兒工夫，蘇東坡睜開眼問佛印：「你看我坐禪的樣子像什麼？」

佛印看了看，頻頻點頭稱讚：「嗯！你像一尊高貴的佛。」

蘇東坡聽了暗自竊喜。

沒多久，佛印也反問道：「那你看我像什麼呢？」

蘇東坡打定主意故意要氣佛印：「我看你簡直像一堆牛糞。」

沒想到，佛印居然只是微微一笑，沒有出言反駁，蘇東坡這下子更加沾沾自喜了。

一回到家中，蘇東坡就迫不及待得意地告訴他的妹妹：「今天佛印被我好好地修理了一番。」

但是，當蘇小妹聽了事情原委後，反而笑了出來。

蘇東坡好奇地問：「有什麼好笑的？」

蘇小妹目光狡黠地說：「人家佛印和尚心中有佛，所以看你如佛；而你心中有糞，所以看人如糞。其實，輸的人是你呀！」

哲學家說：「從批評的話中，不一定能了解『被批評者』的問題，但卻能從那些話中看出『說出批評的人』的眼界與識見。」

即使是再好的朋友，也常常為了小事爭輸贏，沒了面子就搶裡子。

佛印不爭口頭之利，反而讓蘇東坡吃了大虧，還賠上了自讚毀人的膚淺惡名。所以，這對朋友畢竟還是佛印棋高一著，將禪機參了透徹，如果心思純正空靈，那麼佛與糞又有什麼差別呢？佛印簡單的應對，就透露出他的過人之處。

人的心裡怎麼想，就會說出什麼樣的話來，做出什麼樣的事來。待人處世的風範正好能反映出一個人的內涵，眼中所見的是牛糞還是仙佛，就全在你的一念之間了。

佛印和蘇東坡，他們兩人眞正知心、相互了解，明白對方的尺度在何處，懂得點到爲止，也就不至於失了分寸，壞了友誼。蘇東坡仕途不順，心中必定有著許多苦悶，也恰巧他有這麼些知心好友，與他玩笑競爭，能讓他暫時跳脫俗事紛亂，練就豁達的人生觀。

但是，我們能自信自己有佛印和蘇東坡這樣開得起玩笑的雅量嗎？反過來講，嘲諷和口頭上佔便宜，眞的是朋友相交相處之道嗎？

佛家說：「天下最毒的東西，是咒罵他人的說話。在惡毒的話仍未說出口時，毒素已把說話人的心靈荼毒。」

逞一時口舌之快，並不能帶來什麼實質的效益。你損人家，別人自然會損你，如果沒有自信自己能承受得了，還是在出口之前多多三思吧。

尊重別人，是營造良好人際關係的重要基石，對於我們親愛的家人與朋友，更是要牢牢守住彼此的這層分際，畢竟，我們最不想傷害的就是我們深愛的人嘛！

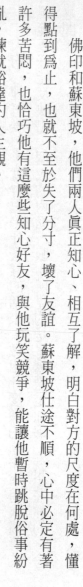

將愛意昇華成為創造力

愛情很美，但強求了就不美，更只會傷害愛情裡的純粹，殘缺不全的愛還會是你希冀嗎？

愛情，就像巧克力，有點淡淡的甜，有點微微的苦，讓人沈醉其中滋味，難以自拔。古今以來，多少詩人名家不斷地歌頌著愛情的美好。

泰戈爾說：「你軟軟的溫柔，在我青春的肢體上開花了，像太陽出來之前的天空裡的一片曙光。」

柏拉圖說：「當愛神拍你肩膀時，就連平日不知詩歌為何物的人，也會在突然之間變成一位詩人。」

愛情的發生，總是突如其來，而且完全不受控制。

然而，當愛的本身不能爲世俗社會所接受，或者沒有辦法得到回報時，你有勇氣爲愛挺身而出嗎？或者，下定決心將這分愛意就此昇華？

一八五三年，作曲家布拉姆斯幸運地結識了舒曼夫婦。

舒曼非常賞識布拉姆斯的音樂天賦，並熱情地向音樂界推薦了這位年僅二十歲的後起之秀。

但不幸的是，半年後舒曼就因精神失常而被送進了瘋人院。當時，舒曼的夫人克拉娜正懷著身孕，殘酷的現實使她悲痛欲絕，難以接受。

這時，布拉姆斯來到了克拉娜身邊，誠心誠意地照顧她和孩子，還時常到瘋人院看望恩師舒曼。

克拉娜是一位很有教養、品行高尚的鋼琴家。在那段患難與共的日子裡，布拉姆斯難以抗拒地深陷了，他最初對克拉娜的崇拜，竟漸漸濃烈成爲眞摯的愛戀。儘管她大他十四歲而且已是七個孩子的母親，但絲毫沒有減弱他對她的癡情，愛戀的情感，毫不留情深深地將他包圍；然而，他也清楚地知道，克拉娜永遠不會回應他這分深刻的情感，可是他仍不放棄，只求能夠靜靜地陪伴支持自己所愛。

其實，克拉娜並非草木，但她始終克制著，克制著……

布拉姆斯從克拉娜身上看到了自我克制的人性光輝，這樣的克拉娜，讓他更爲戀慕，因此他決意成全。

他將滿腔的情意，投諸在文字之中，不斷地寫情書給克拉娜，卻始終一封也未寄出。

他更把所有的愛戀都傾注在五線譜上，過了整整二十年，他終於寫成了《C小調鋼琴四重奏》，一座用二十年生命激情鑄造的愛情豐碑！

布拉姆斯深切的情感與眞誠的付出，克拉娜不是不感動，只是無福消受，只能將愛深深藏在心裡。

克拉娜的爲難，布拉姆斯又何嘗不明白呢？所以，他將愛昇華，化爲音符、化爲文字，將這分纏綿情意，藉由音樂流傳亙古。

紀伯倫說：「愛情，這個依偎在心靈胸口上的嬰兒，使我內心深處的悲傷、沮喪和孤獨，變成了歡樂、光榮和幸福；愛情這個坐在精神寶座上的崇高天使，用他的聲音使我死去的歲月恢復了生命……他用手從絕望的海洋中，撈出了我的希望。」

愛情很美，但強求了就不美，更只會傷害愛情裡的純粹，殘缺不全的愛還會是你希冀嗎？

成全，或許很苦澀，但是在成全對方的同時，我們其實也成全了自己。

讓自己遠離是非圈

為人態度謙恭有禮，行事多給別人一分尊重，別人自然取鬧不起來，也就得以讓自己遠離是非圈一點了。

這個世界上，眞正的壞人並不多，只有一大堆被逼急了的人，例如，因爲被逼債而不得不鋌而走險，犯下殺人越貨的案件；因爲遭到背叛失去所愛，所以不擇手段地想要奪回……

沒錯，他們都是缺乏自制力量，被自己的慾念左右，最後會被毀滅是必然的事，活該自作自受。

但是，我們沒義務，也不必要跟著陪葬吧。

古代有個尤翁，在城裡開了一家典當舖。有一年年底，他忽然聽到門外有一片喧鬧聲，便整整衣服到外面看看發生了什麼事。

原來，門外有位窮鄰居正和自己的夥計拉拉扯扯，糾纏不清。站櫃台的夥計忿忿不平地對尤翁說：「這個人將衣物押了錢，卻空手來取，我不給他，他就破口大罵。您說，有這樣不講理的人嗎？」

門外那個窮鄰居仍然是氣勢洶洶，不僅不肯離開，反而坐在當舖門口。

尤翁見此情景，從容地對那個窮鄰居說：「我明白你的意圖，不過是為了度年關。這種小事，值得爭得這樣面紅耳赤嗎？」於是，他命令店員找出那位鄰居的典當物，加起來共有衣服蚊帳四五件。

尤翁指著棉襖說：「這件衣服禦寒不能少。」又指著外袍說：「這件給你拜年用。其他的東西不急用，還是先留在這裡，等你有錢再來取。」

那位窮鄰居拿到兩件衣服，不好意思再鬧下去，只好離開了。

誰知，當天夜裡，這個窮漢竟然死在別人的家裡。

原來，窮漢和別人打了一年多的官司，因爲負債過多，不想活了。但是，死後他的妻兒將無依無靠，於是他就先服了毒藥，故意尋釁鬧事。

他知道尤翁家富有，想敲詐一筆安家費，結果尤翁以圓融的手法化解了，沒傻呼呼地成了他的發洩對象，於是他就轉移到了另外一戶人家裡。

最後，這戶人家只有自認倒楣，出面爲他發落喪葬事宜，並賠了一筆「道義賠償金」。

事後有人問尤翁，難道是事先知情才這麼容忍他。

尤翁回答說：「凡是無理挑釁的人，一定有所依仗。如果在小事上不能忍耐，那麼災禍就會立刻來了。」

所謂「得饒人處且饒人」，尤翁並不是先知，而是他懂得爲自己和他人留後路，所以得到了好的回報。對於窮漢來說，反正他已經決意尋死，沒有什麼好損失的，所以他豁出去了，決定要找個有錢人家鬧個天翻地覆。

不夠沉著冷靜的人，可能就因此被捲進了這樣的烈焰漩渦之中，一起燒得灰飛煙滅。倒楣嗎？也許吧，但也是他因爲不夠冷靜有見識，所以來不及逃，或是逃得不夠遠。

尤翁就是因爲懂得不去刺激一個偏激到幾近瘋狂的人，所以他最後得以保全自己。

就算只是一根輕飄飄的羽毛，也可能超過一隻滿載貨物的駱駝的臨界點，因此將全部的東西全摔落地。

做人要厚道，固然是老生常談，但仔細想起來卻是再實在也不過的道理；爲人態度謙恭有禮，行事多給別人一分尊重，別人自然取鬧不起來，也就得以讓自己遠離是非圈一點了。

把好話說得盡善盡美

不直接點破，加上適度的渲染，就能成功地營造氣氛，所謂「想像裡蘊藏著感覺，而判斷裡又蘊藏著想像」應該就是說好話的最高境界吧！

希臘哲學家亞里斯多德曾說：「語言的生動性，是來自使用比擬的隱喻和描繪的能力，運用一種表現方法，把事物在行動的狀態中表現出來，就能『使他們看到事物』。」

所謂「良言一句三冬暖，惡言一句六月寒」，一句話說得好，當然會讓人心生歡喜。

同樣一句話，因爲文字的排列組合不同，就能讓人有不同的感受；其實一句話說得好不好，關鍵就在於有沒有經過適當的辭藻潤飾。

在西方，作家一旦談起詩的妙用時，總喜歡講這樣一個故事。

在一個寒冷的冬天裡，紐約市的一條繁華大街上，坐著一個雙目失明的乞丐。那名乞丐的脖子上掛著一塊牌子，上面寫著：「自幼失明」。

有一天，一個詩人走近他身旁，他便向詩人乞討。詩人嘆口氣說：「我也很窮，不過，我可以給你點別的。」說完，他隨手在乞丐的牌子上寫了一句話。

那一天，乞丐得到很多人的同情和施捨。後來，他又碰到那詩人，很奇怪地問：「你給我寫了什麼呢？」

詩人笑了笑，唸出牌子上他所寫的句子道：「春天就要來了，可是我卻不能見到它。」

這就是文字的力量，有人說詩是最精練的語言，因為詩能運用最簡短的文字，傳達出最鮮明的映象，直接地命中人們的心靈。

法國作家巴爾札克說：「文學是事實與靈魂相契合後的再現。」又說：「文學的真實在於選取事實與性格，並且把它們這樣描繪出來，使每個人看了以後，都認為是事實。」

這就是詩人送給乞丐的禮物，他把乞丐的處境生動地用一句話描繪出來，讓路過的每一個人都因爲感同身受，而對乞丐生出更多的同情，而在同情之餘加以施捨。

「自幼失明」是陳述事實，但是感覺上隔得很遠，因爲那是別人的事；而「春天就要來了，可是我卻不能見到它」，卻讓每一個感受過春天美好的人，從心中體會看不見春天的痛苦與遺憾。

不直接點破，加上適度的渲染，就能成功地營造感染別人的氣氛，所謂「想像裡蘊藏著感覺，而判斷裡又蘊藏著想像」，應該就是說好話的最高境界吧！

多讀幾本好書，把別人話語詞句中的精華，悄悄地佔爲己有，那麼總有一天，我們一定能做到像古羅馬詩人賀拉斯所說：「如果你安排得巧妙，家喻戶曉的字便會取得新義，表達就能盡善盡美。」

含糊其辭也是一種說話藝術

善用說話的藝術，選擇最好的答案，既能維持周遭的互動氣氛良好，又能成功達到自己的目的，豈不是兩全其美？

在與人交往的過程中，有些狀況需要我們表態，卻很難三言兩語說清自己的意思，因爲不論說眞話還是說假話，都容易得罪人，都很爲難。

宋朝著名政治家也是文學家王安石的兒子王元澤，在很小的時候就能把這樣尷尬的狀況處理得相當圓融，値得我們多加學習。

有一次，王安石在家中設宴，王元澤也跟著家人出來向客人問好，有一個客人欺負他年幼，故意把一頭獐和一頭鹿放一個籠子裡，問王元澤哪一頭是獐，哪一頭是鹿。

王元澤不多想就回答說：「獐旁邊的那頭是鹿，鹿旁邊的那頭是獐。」

旁觀眾人不禁喝采，稱讚他答得妙，而那名客人聽了這個不是答案的答案，反而說不出話來。

正確的答案當然是明白地說出獐和鹿外表的不同，但是年幼的王元澤可能根本就不知何謂獐，何謂鹿，這名客人刁難的成分相當明顯。

結果，王元澤含糊其辭的運用了邏輯上「非此即彼，非彼即此」的推理方法，不確切地指明哪頭是獐、哪頭是鹿，反而說獐的旁邊是鹿，鹿的旁邊是獐；也就是說眼前兩隻動物，不是獐就是鹿，反之亦然。

邏輯的道理再簡單不過，但妙就妙在這個「含糊其辭」的答案上，怎麼說都對，又不得罪人，著實妙答。王元澤小小年紀，就能如此機智過人，不得不令眾人嘖嘖稱奇。

我們不可能期望擁有一個毫無問題、極其順遂的人生，然而，只要有問題，就會有答案，卻沒有正確的答案，只要你能自圓其說，就是好答案。

所以，我們不妨學學運用王元澤的機智，在左右爲難的時候，乾脆含糊其辭，以求左右逢源之效。

所謂山不轉路轉，路不轉人轉，有人解釋說：「我們的方向不變，只是改走一條適合自己的路。」

善用說話的藝術，我們解決問題的目標不變，但是我們可以選擇最好的答案，既能維持周遭的互動氣氛良好，又能成功達到自己的目的，豈不是兩全其美？

要虛心求教，也要有清醒的頭腦

應該保持虛心求教的態度，但也應該謹慎保持清醒的頭腦，對所得的答案重新整理一遍，去蕪存菁，只取自己需要的。

人應該要保持虛心求教的態度，因爲個人的智慧有限，遇到不了解的地方，就要向別人請教，聽取別人的意見。

的確，嘴巴長在自己臉上，遇到不懂的事情開口問最實際了，只是你問對問題了嗎？

你眞的懂得發問的技巧嗎？

倘若對方對你所問的事情不清不楚，回答你的答案也必定不清不楚，這樣的答案你能輕易地相信採用嗎？

下面這個故事，可能會讓你有些不同的想法。

一個牧童趕著牛群四處找尋茂盛的牧草，一路浩浩蕩蕩地來到河邊，遠遠望去，只見對岸碧草青青，想必足可供牛群飽餐一頓。

但是，河水看起來流得十分湍急，不知河心的深度如何，牧童望著岸邊淺灘，正猶豫著要不要趕著牛群渡河。

正當他猶豫不決之際，突然望見對岸有人趕著一群鴨子。

牧童連忙大聲問道：「喂，趕鴨子的大哥，你那群鴨子是不是從這邊趕過去的？」

趕鴨的人回答：「是啊！」

牧童再問：「河水深不深啊？」

趕鴨的人回答：「沒問題吧，河水不深，我的鴨子都過得來了。」

牧童聞言大喜，立即將牛一隻一隻趕入河水中。不料，牛群一走到河心，竟紛紛失足，最後全被湍急的水流沖走。牧童也差點被淹死，幸好他水性不錯，連忙游到對岸。

他又急又怒地衝過去，一把扯住趕鴨人的胸口：「我和你有什麼仇，你爲什麼騙我說水不深，害得我一群牛白白被水沖走，我要你賠。」

趕鴨人一臉茫然地回答：「要我賠？我沒騙你啊！我的鴨子腳這麼短，都能過得來，你的牛腳那麼長，我怎麼知道牠們過不來呢？」

眞是典型的「雞同鴨講」，你說趕鴨人有錯嗎？

他只是以自己的立場來思考，而是牧童自己不辨眞相，不經深思熟慮就輕易地相信別人的片面之詞，所以遭了殃，實在怪不得別人。

事情不能只看表面，一家商店生意興隆，如果你看了眼紅也想自己開一家，卻不事先做好功課，貿然地將資金投了進去，是不是能收到預期的效果，可是根本說不準的。

每個人背景和能力都不同，如果只是想依樣畫葫蘆，只怕到最後畫虎不成反類犬，吃力反而不討好，還招來別人恥笑。

美國作家麥爾頓說：「一個成功者會以最謙虛的態度，來接受一個最忠誠的指導，這並不影響他的獨立人格。但是，在你接受指導之前，必須進行冷靜的分析，千萬別存有屈服感。」

我們當然應該保持虛心求教的態度，但我們也應該謹慎保持清醒的頭腦，對所得的答案重新整理一遍，去蕪存菁，只取自己需要的；問對問題可以一針見血破解迷津、豁然開朗，倘若問錯問題而得到錯誤的答案，損失可就慘重了。

11

享受工作，享受生活

在工作中尋找出熱忱與企圖心，
然後不斷地加油，
就能持續點亮那盞心中的燈，
照亮生命中的每一天。

拋棄不快樂的想法

以正面觀點面對生命中的種種困境，其實能夠幫助我們走出悲愁集結而成的迷宮，看見晴亮的藍天，呼吸快樂的空氣。

有一種人被稱之爲「樂天派」，總是抱持著「天塌下來還有高的人頂著」的態度生活。

還有一種人無疑就是古代的「杞人」，別人只想一個問題，他可要想到一百多個去了，成天把自己搞得緊張兮兮的。

你想成爲哪種人呢？

過與不及都不是件好事，但是很明顯的，快樂的生活和悲愁的生活比起來，還是快樂的生活來得吸引人。

記得曾有這樣一則古老的寓言。

在一個春光明媚的早晨，一隻漂亮的鳥兒站在隨風擺動的樹枝上放聲歌唱，樹林裡到處迴盪著牠甜美的歌聲。

一隻田鼠正在樹底下的草皮裡掘洞，隨即把鼻子從草皮底下伸出來，大聲喊道：「鳥兒，閉上你的嘴，爲什麼要發出這種可怕的聲音？」

歌唱的鳥兒回答說：「喔，田鼠先生，我總是忍不住要歌唱。你看，空氣是多麼新鮮，春天是多麼美好，樹葉綠得多麼可愛，陽光是多麼燦爛，世界是多麼可愛，我的心中充滿了甜蜜的歌兒，我無法不歌唱。」

「是嗎？」田鼠睜大眼睛，不解地問道，「這個世界美麗可愛嗎？這根本不可能，你完全是胡扯！世界上的任何事情都是毫無意義的，我已經在這兒生活了這麼多年，我了解得很清楚。我曾經從各個方向挖掘，我不停地挖啊挖啊，但是，我可以告訴你，我只發現了兩樣東西，也就是草根和蚯蚓。再沒有發現過其他東西，眞的，沒有任何可愛的東西。」

快活的鳥兒反駁說：「田鼠先生，你自己上來看看吧。從草皮底下爬上來，到陽光中來吧。你上來看看太陽，看看森林，看看這美麗可愛的世界，呼吸一下新鮮空氣。要是這樣，你也會忍不住感動得流淚。上來吧，讓我們一起放聲歌唱！」

只是眼光投射的方向不同，竟能有如此大的差異，顯然，快活的鳥兒和迷惑的田鼠代表了樂觀主義和悲觀主義兩種不同的生活態度。

如果老是把不快樂的念頭放在自己的想法裡，人生真的很難快樂起來，還不如在絕望的時候認真地問問自己：「真的有這麼糟嗎？」

在絕處中尋找生機，才能體會到生命的可愛之處。

美國洛杉機電台主持人丹尼斯．普拉格說：「企圖從每個情況中尋找正面意義的人，他們的生活是受祝福的；在每個情況都看到負面意義的人，生活則是被詛咒的。」

從發生的事件中尋找好的一面並不是自欺欺人，而是試著讓自己跳脫不好的情況的一種推力。

如果你重視個人成長，你就會把握每個機會，因爲無論在哪一種情況下，你幾乎都能有所學習。

改變心境，以正面的觀點來面對生命中的種種困境，其實能夠幫助我們走出悲愁集結而成的迷宮，看見晴亮的藍天，呼吸快樂的空氣。

想要快樂的活，第一步就是拋棄所有不快樂的想法，讓自己成爲一個接近「樂天派」的人。

開心，就是幸福的捷徑

在能力所及之處，以誠摯的態度付出自己的關心，那麼，我們就能為自己開拓一條幸福的捷徑。

施與受之間，一直都存在著一種微妙的牽繫。

有時候，我們不免會說：「這樣有用嗎？會不會太僞善了點？」因爲我們總是吝惜踏出我們的第一步，總是遠遠地觀望著，最後終於成爲冷漠無情的人。

然而，若是在絕望的時候，眼前出現了一絲絲的光芒，那麼就像在平靜無波的池面投入了一顆小石，隨著一圈圈的漣漪漸漸泛開，心裡的暖意也逐漸地凝聚起來。

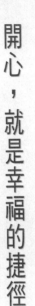

在美國南部的一座小城市裡，搬來了一對年輕夫婦。

他們的隔壁住了一對年老的夫妻，他們前去拜訪問候後發現，老太太的雙眼幾乎看不見，而且四肢癱瘓需要坐著輪椅，行動相當不便。只有老先生一個人照顧她，但是老先生自己的身體也不是很好，他們夫婦二人就這麼相依爲命了好多年。

一年一度的耶誕節快要到了，這對年輕夫婦決定做些什麼，經過一番討論後，他們決定裝飾一棵耶誕樹送給這兩位老人。

於是，他們買了一棵小樹，用玩偶、亮片將它裝飾好，附帶一分禮物，在耶誕夜當天送到鄰居夫婦手上。

老婦人滿懷感激地注視著耶誕樹上閃爍的小燈，不禁傷心地哭了。她的丈夫說：「我們已經有許多年沒有欣賞聖誕樹了。」

之後，只要他們前去拜訪鄰居這兩位老人時，老夫婦都會感激地再次提起那棵聖誕樹。

或許有人會想，只是一棵小樹，又不能填飽肚子，只能在耶誕節那天觀賞，有什麼用呢？

但是，很多時候，人需要的，並不只有外在的物質享受，也很需要來自精神上的安慰。

那對老夫婦，在彼此相依為命的情況下，獨自與生活和病痛奮鬥了許久，沒有任何外界的關心與援助，或許他們擁有足以溫飽的津貼，但是卻始終沒有人想要去貼近他們的心靈，而他們也因此封閉了自己。

那小樹上閃閃的燈光，凝聚了溫暖與幸福的光輝，照亮了老夫婦的心。

對於這對年輕夫婦來說，也許他們只是做了一件很小的事，但他們把最大的幸福送給了他人，自己也從中獲得了巨大的幸福。

這種幸福，是一種十分深厚的感情，而且也將一直留在他們的記憶中。

在能力所及之處，以誠摯的態度付出自己的關心，那麼，我們就能為自己開拓一條幸福的捷徑。

擔心怎麼走，不如思考怎麼活

如果一個人在世的時候，曾經認真活過，對得起自己、對得起別人，那麼就算過程儀式簡單，也享有生與死的尊嚴。

生老病死，是人生必然要遭遇，也必然要面對的事情。

對華人來說，「生事」與「死事」都是大事，是不能隨隨便便的，但是，聽說過有人光是治喪就花了幾百萬甚至上千萬，想來實在讓人不解，因爲再奢華的喪禮儀式、再廣大堂皇的墓地，對往生者來說，眞的有任何幫助嗎？還是只是爲了在世者的面子問題？

最近生前契約很流行，業者訴求的是生死大事交由自己來決定，所以簽約者可以在生前就立下契約，約定自己的身後事要怎麼安排，讓自己尊嚴地離開人世，同時減輕家人的負擔。

其實，這樣的形式在十八世紀就出現過了。

據說，英國大文豪約翰遜生前曾在西敏寺選了一塊墳地，打算作爲死後的最後歸宿。但在當時並沒有所謂契約的訂定，所以，等到他臨死前，家人才發現那塊墓地早就被人佔據了，只剩下兩個墳墓中間還有一小塊間隙，大概可以立著放進一個人。

家裡的人只好無奈地把這個事實告訴了性命垂危的約翰遜，看看他到底希望怎麼來處理自己的身後事。約翰遜不以爲意地說：「既然人可以站著生，那麼當然也可以站著死，就讓我站著死去吧！」

於是，他死後，人們就把他站著埋進了地下。

這麼說來，約翰遜可能是全世界唯一一位死了也屹立不倒的人。一件小小的插曲，卻可以看出約翰遜爲人厚道、隨遇而安的人生觀。

別人佔都佔了，難道要鬧得天翻地覆，非要佔據墓地的墳即刻遷走不可？無論古今中外，要挖動墳墓可都不是等閒小事，所以這件事處理起來，一點都不容易。約翰遜的做法，既化解了家人的難處，也成全了自己一貫的生活態度：生的價值勝過死後軀殼。

泰戈爾說：「讓生時美如夏花，死時紅如秋葉。」

一個人只有生而榮耀，死時才值得別人哀悼。試問，一個人如果在世的時候爲富不仁，或者沒有做過什麼值得人尊敬的事，那麼就算他的身後事辦得轟轟烈烈又如何？有什麼意義呢？

反之，如果一個人在世的時候，曾經認眞活過，對得起自己、對得起別人，那麼就算過程儀式再簡單，也享有生與死的尊嚴。

亞里斯多德說：「我之所以和平庸的人不同，是他們活著為了吃飯，而我吃飯是為了活著！」

所以，與其擔心自己怎麼「走」，倒不如認眞地思考該怎麼「活」，讓自己活得更好，更有意義、有價值。

嘗試寬容，遠離痛苦

被情緒束縛的心，的確很難寬容得起來。只是，若我們不想擁有一顆寬容的心，我們便會被迫永遠沈浸在痛苦之中。

人與人相處，難免有意見不合的時候，難免會發生糾紛。

我們總是會認爲別人錯、自己對，總是忍不住想問別人：「爲什麼你就是不懂我的心呢？」

我們總是容易責怪別人，總是認爲別人不能設身處地站在我們的立場想想看，但卻很少思及自己有沒有寬容地「設身處地」爲別人想過。

「設身處地」說來簡單，做起來卻很困難，因爲我們是凡人，本來就容易受到情緒引導。是，所謂「初念淺，轉念深」，有時候，在行動之前，先轉念思考一下，或許能讓我們對事情有不一樣的判斷，繼而能冷卻心中的怒火，以平和有效的方法來解決問題。

西方有一句諺語：「世界上最大的是海洋，比海洋更大的是天空，比天空更廣闊的是人的胸懷。」

佛經上曾經記載到，當初釋迦牟尼在山裡修行時，恰巧遇到國王歌利王率領衆人前來狩獵。

歌利王一見到釋迦牟尼，就問他山中哪裡有野獸。

釋迦牟尼心中感到很爲難，他忍不住想：「如果照實告訴他，那麼就等於殺了野獸，實在心中不忍；但不實話實說，又是說謊，心裡也是百般不願意。」於是，他決定沈默不語。

歌利王見他不言不語的態度，不禁大怒，命人砍掉了他一隻手臂。斥聲再問，釋迦牟尼還是堅決不回答，於是歌利王又命人砍掉了他另一隻手臂。

儘管遇到這樣的困境，但是釋迦牟尼並不因此發怒，只是起誓說：「等我成佛後,一定要先將此人超渡,不許天下人仿效他做壞事。」

能寬容一個砍掉自己的手臂的人,能原諒一個如此傷害自己身體的人,還有什麼不能寬容、不能原諒的呢?所謂佛法無邊,恐怕先要心胸無邊吧。釋迦牟尼能有如此寬闊的胸襟,無怪乎能順利成佛,進而普渡凡人衆生。

不管是身體上的傷害或是心靈上的創傷,都一定會讓人感到痛苦,但是如果堅持互相仇恨,相互報復,只會讓傷口永遠無法復合,永遠血淋淋、令人痛楚,冤冤相報何時了?

寬容是一種美德,一種修養,也是人生的眞諦之一。

容人之功,很難;容人之過,更難。因爲我們對於愛和恨的執著,讓我們的心沒有辦法擺脫桎梏,被情緒束縛得牢牢的心,的確很難寬容得起來。

只是,若我們不能去嘗試、不能學會放下,不想擁有一顆寬容的心,我們便會被迫永遠沈浸在痛苦之中。

榮譽就是盡力做好自己

當一個人在自己應做與該做的事物之中拚盡了全力，他的成就自然而然就會顯現出來。

名利可以是激勵你前進的動力，但是當你獲得名利的時候，不要輕易地被金光眩目的身外之物迷惑，而讓自己染了一身銅臭，失去原來的本眞。

至少要提醒自己，不能因此而自傲自滿，不論在哪一個方面都不能偷工減料，那才是眞正的成就。

知名的科學家居禮夫婦發現鐳後，世界各地紛紛來信希望了解提煉的方法。

面對數量龐大的信件，夫婦二人對於怎樣處理這件事頗傷腦筋。

在一個星期日的早晨，居禮先生平靜地說：「我們必須在兩種決定之中選一個。一種是毫無保留地說明我們的研究結果，包括提煉辦法在內。」

居禮夫人做了一個贊成的手勢說：「是，當然如此。」

居禮先生繼續說：「第二個選擇是我們以鐳的所有者和發明者自居，但是我們必須先取得提煉鈾瀝青礦技術的專利執照，並且確定我們在世界各地造鐳業上應有的權利。」

「專利」這個名詞，就是代表著他們能因此得到鉅額的金錢、舒適的生活，還能夠傳給子女一大筆遺產。

但是，居禮夫人卻堅定地說：「我們不能這麼做，這樣子做，便是違背了科學精神。」這就是居禮夫人，一個聞名天下卻始終不求名也不求利的人。

遇到陌生人問她：「你是居禮夫人嗎？」她總是平靜地回答：「不是，你認錯了。」

她出名以後，幾乎每天都要收到世界各地慕名者要求簽名的來信。爲了擺脫這種干擾，她還專門印了一種寫著概不簽名的卡片，每逢接到來信，就給對方寄一張。

如此淡泊名利的生活態度，更令人感受到她不平凡的氣度。她一生獲得各種獎金十次，各種獎章十六枚，各種名譽頭銜一百一十七個，她卻絲毫不以爲意。

有一天，她的一位女性朋友來她家做客，忽然看見她的小女兒正在玩弄英國皇家學會剛剛獎給她的一枚金質獎章，不禁大吃一驚，連忙問：「居禮夫人，能夠得到一枚英國皇家學會的獎章，是極高的榮譽，妳怎麼能給孩子玩呢？」

居禮夫人笑了笑，回答說：「我是想讓孩子從小就知道，榮譽就像玩具，只能玩玩而已，絕對不能永遠守著它，否則就將一事無成。」

對居禮夫人來說，名利只是身外之物，不是人性的目的，即便是一生清苦，她也不願意以自己的成就來換得舒適的生活享受，因爲她認爲一旦將名利納入自己的生活之中，她的生命與科學研究將不再純粹。

她就是這麼認眞執著於生活的一名女性。

居禮夫人的女兒曾說：「要在家庭生活與科學家的生活之間做一個抉擇的想法，從來未曾浮現在母親的心裡，她在為人妻所應付出的愛情，與為人母所應負的責任，還有身為一個學者治學所應做的努力，使她體認到自己無論在哪一方面都不能偷工減料，而事實也證明，她每一樣都非常完美地做到了。」

這就是一種對自己生命負責的生活態度，當一個人在自己應做與該做的事物之中拚盡了全力，他的成就與價值，自然而然就會顯現出來。

看輕金錢和名聲

如果我們不能嘗試學習「看淡」、「謙遜」，就容易陷入名利的陷阱，猶如夸父追日般，只擁有疲累與無盡的挫折。

太出鋒頭，有時不見得是件好事，在日本就有句俗諺：「把出頭的樁子敲進去。」意思是說，過於鶴立雞群，雖然顯眼，卻也常是被攻擊的目標，因爲看不得你好的人，眞的會有一大堆，光是謠言攻訐、扯後腿等等事件，可能就會讓你防不勝防、煩不勝煩。

這樣說來，保持謙遜，並不是一種矯情的表現，而會是一種保全的修爲。

隨著社會物質文明進步，經濟競爭日益加劇，許多現代人喜歡把金錢名利與幸福等同起來，認爲所謂的幸福，就是意味著自己有了許多金錢和能夠出人頭地。

「拜金」、「慕名」幾乎已成了現代人的通病，然而令人憂心的是，根據心理學家的調查，由於現代人對名利的期許過高，一旦自己沒有辦法達到預想的目標，便容易否定自己，陷入憂鬱的境地；而看到別人爬上高峰，心中的妒恨就會源源不絕地出現，被這樣的念頭折磨的結果，很容易出現脫軌的行爲舉動。

法國修女小德蘭曾經說：「如果小花都要做玫瑰，那麼大自然就會失去它春天的璨爛外衣，不復有小花在鄉野點綴成一幅圖案了。」

翻遍了人類史冊，像愛因斯坦這樣「平地一聲雷」享名於世界的人，確實是一件不可思議的事情。

最值得驚異的是，以一個「數學教授」的地位，竟能如此「走紅」，成爲全球報章刊物的重要資料；以「科學家」身分，竟能如此名聞遐邇！

更令人驚奇的是，愛因斯坦的名字雖然早已「紅得發紫」，可他自己竟然「還不知道」，直到後來他突然「發覺」了，在答覆新聞記者詢問時，他還說他「成名」得連他自己都覺得「莫名其妙」。

這樣一名「世界紅人」，除了科學之外，竟然沒有一件事物可使他過分「喜愛」，而且他也不過分「討厭」哪一件事物。

大多數人汲汲追求的名聲、富貴或奢華，他都看得非常輕淡，這樣的愛因斯坦也因此留下了無數佳話。

據說有一次，某艘船的船長爲了優待愛因斯坦，特地讓出全船最精美的房間等候他，誰想到竟被他嚴辭拒絕了。他表示自己與他人無異，所以絕不願意接受這種特別優待。

這種虛懷若谷、執著而又坦然率眞的人生態度，難怪一直都是許多人敬佩的對象。

聖嚴法師曾經這麼說過：「如果現代人能用『一粥一飯』的態度過日子，必然會覺得格外充實，而且在充實之中會有淡泊、寧靜、輕鬆、自在，彷彿無事一般的心境。因此，所謂『做一個粥飯僧』有兩層意義，一種是只知吃飯吃粥的懶和尚；一種是淡泊名利、沒有人我計較，非常精進的生活態度。」

如果我們不能嘗試學習「看淡」、「謙遜」，就容易陷入名利的陷阱，猶如夸父追日般，看著光芒四射的朝陽，卻永遠追尋不到，只擁有疲累與無盡的挫折，何苦呢？

如果我們讓自己追求的腳步慢了下來，也將能發現，陽光仍舊會照耀在我們身上，因爲名利或許不等同於成功，但名利卻總是會伴隨成功而來。

享受工作，享受生活

在工作中尋找出熱忱與企圖心，然後不斷地加油，就能持續點亮那盞心中的燈，照亮生命中的每一天。

俄國作家高爾基說得貼切：「工作是一種樂趣時，生活是一種享受！工作是一種義務時，生活則是一種苦役。」

不知道大多數人在早晨經過長時間塞車，一路衝鋒陷陣、風塵僕僕地終於抵達工作崗位的那一刻，心裡是作何感想呢？

是信心滿滿，準備如何大顯身手，還是開始看著時鐘，倒數下班的時間，就好像等待假釋出獄的刑犯一樣？

其實，辛苦與否、可憐與否，都只是個想法罷了。

有一個美國記者來到一個墨西哥荒郊部落採訪。

這天，恰好是個集市日，當地土著都拿著自己的物產來到市集上交易。這位美國記者看見一個老太太在賣檸檬，一個檸檬才賣五美分。

雖然售價相當便宜，但老太太的生意顯然不太好，一整個上午好像也沒賣出去幾個。

這位記者動了惻隱之心，打算把老太太的檸檬全部買下來，以便讓她能「高高興興地早些回家」。

當他把自己的想法告訴老太太的時候，她的話卻使他大吃一驚：「都賣給你？那我下午賣什麼？」

看吧！對事物的態度不同，表現出來的行爲就有所不同。

愛迪生曾經說：「在我的一生當中，從未感覺自己在工作，一切都是對我的安慰……」

人生最大的生活價値，就是對工作感興趣。

做同一件事，有人覺得有意義，有人覺得沒意義，其中有著天壤之別，有人痛苦得彷彿置身在地獄之中，有人則開心得有如上了天堂。

英國小說家約瑟夫：「我不喜歡工作——沒有人會喜歡工作。但是我喜歡在從事的工作中——找到發現自己的機會。」

成功訣竅，在於工作的態度；若將工作視爲有趣的遊戲，便能以遊戲的競技者出現，努力發揮競技的技巧，盡力去做到最好。

如果有件事我們非做不可，拼命排斥與逃避卻逃脫不開，只會讓我們更加痛苦；就像德瑞莎修女所說的：「想要一盞燈不斷地亮，必須繼續加油進去。」

我們要在工作中尋找出熱忱與企圖心，然後不斷地加油，就能持續點亮那盞心中的燈，照亮生命中的每一天，過得快樂又自在且充滿成就感。

如果，對一分工作完全找不出一絲絲熱誠，感受不了一丁點的快樂，那麼還是換個工作，換個場所吧！

因爲，再繼續停留在這裡，只是慢性自殺罷了；將自己心中那股熱情的火花慢慢燒熄，生命漸漸枯萎，對自己、對世界都沒有任何助益，何苦互相傷害？

如果不能說服自己，體認自己的生命是有意義的，光是吃飯睡覺渾渾噩噩地度日，能算是真真正正地活過嗎？

美國歌手卡洛·金恩這麼建議：「你必須每天早上面帶微笑起床，向世界展現你心中的愛，這樣人們一定會對你更好，你也將發現——是的，你一定會發現的——你覺得自己有多美，你就真的有那麼美麗。」

去愛自己，去愛自己的工作，去愛自己的生命，我們將會擁有快樂且有意義的人生。

知足，人生才能富足

「想要得到更多」的念頭，只會不斷地折磨我們；對生活現狀的種種不滿，輕易地將快樂的心掩蓋了，每天每天只剩下沮喪和埋怨。

英國作家科爾頓對於財富有過這麼一段有趣的描述：「我們的收入像我們穿的鞋子，如果太少，便會夾腳，甚至擦傷皮膚；如果太大，又會使我們蹣跚顛躓。」

科爾頓在這段話中，清楚地說明了，金錢財富過與不及，對我們來說，都不算是好事。

以下這則「金砂坑的故事」，值得我們進一步地省思。

一股細細的山泉，沿著窄窄的石縫，叮咚叮咚地往下流淌，也不知過了多少年，竟然在岩石上沖刷出一個雞蛋大小的淺坑，裡面填滿了黃澄澄的金砂，天天不增多也不減少。

有一天，一位砍柴的老漢來喝水，偶然發現了清測泉水中閃閃的金砂。驚喜之下，他小心翼翼地捧走了金砂。

從此，老漢不再受苦受累，過個十天半月的，就來取一次金砂，不用說，日子很快富裕起來。

老漢雖守口如瓶，但他的兒子還是跟蹤發現了這個秘密，埋怨他不該將這事瞞著，不然早發大財了。

兒子不斷地慫恿父親拓寬石縫，擴大山泉，不就能沖來更多的金砂嗎？做父親的想了想，自己眞是聰明一世，糊塗一時，怎麼沒想到這一點？

說到做到，父子倆隨即找來工具，叮叮噹噹地把窄窄的石縫鑿寬了，山泉比原來大了幾倍，隨後又鑿深了坑。

父子倆想到今後可得到更多的金砂，高興得一口氣喝光了一瓶酒，醉成一團泥。但是，父子倆天天跑去看，卻天天失望而歸，金砂不但沒增多，反而從此消失得無影無蹤。

父子倆還百思不解，金砂哪裡去了呢？

這對父子貪婪地希望得到更多財富，卻連原本微小的利益也失去了；當人太貪心時，最終會變成什麼也得不到。

希臘哲學家德謨克利特說：「希望獲得無義之財是遭受禍害的開始。」人若不能學會知足與珍惜，終究會爲自己所害，「想得到更多」的念頭，只會不斷地折磨我們；對生活現狀的種種不滿，輕易地將快樂的心掩蓋了，每天每天只剩下沮喪和埋怨。

事實上，古人不就曾勸誡我們：「大廈千間夜眠不過八尺，良田萬頃日食又有幾何？」

晚上睡覺所需的不過就是一張床的大小，每餐有的也只不過是一碗飯的食量，再多的土地、錢財，我們又能用得到多少呢？擁有許多我們用不到的事物，眞的就是富有嗎？

美國作家愛默生曾經說：「貧窮只是人的一種心理狀態，正因為你自覺窮，所以窮。」

如果我們不能從內心說服自己，學會知足與珍惜所有，我們將窮盡一生的氣力也無法成爲一個「富足」的人。

換一種文明的方式去罵人

15週年
全新增訂
典藏版

罵人不必帶髒字 全集

The Art of Cursing

荷姆斯曾經寫道：**「誇人只需要舌頭，罵人卻需要智慧。」**
的確，鐘的完美不在於走得快，而在於走得準確；罵人的話不在於髒，而是在於是否切中被罵人的要害……

巴克斯特曾經說過：**「當你無法使所有東西都保持乾淨時，也不必弄髒任何東西。」**
這句話告訴我們，當你不得不開口罵人時，不一定要口出惡言，因為，最厲害的罵人方式，是只說幾句乾淨的話，卻能讓它發揮最「髒」的功用。

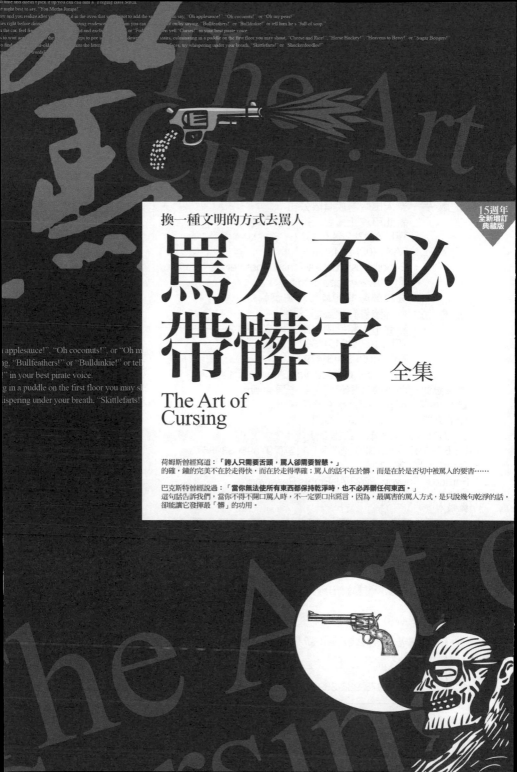

改變心境，就能改變環境 全集

作　　者　黛　恩
社　　長　陳維都
藝術總監　黃聖文
編輯總監　王郡凌
出 版 者　普天出版家族有限公司
新北市汐止區忠二街 6 巷 15 號
TEL / (02) 26435033 (代表號)
FAX / (02) 26486465
E-mail：asia.books@msa.hinet.net
http://www.popu.com.tw/
郵政劃撥 19091443 陳維都帳戶
總 經 銷　旭昇圖書有限公司
新北市中和區中山路二段 352 號 2F
TEL / (02) 22451480 (代表號)
FAX / (02) 22451479
E-mail：s1686688@ms31.hinet.net
法律顧問　西華律師事務所・黃憲男律師
電腦排版　巨新電腦排版有限公司
印製裝訂　久裕印刷事業有限公司
出 版 日　2023 年 3 月第 2 版第 1 刷
ＩＳＢＮ◎978-986-389-857-3　　條碼 9789863898573

國家圖書館出版品預行編目資料

改變心境，就能改變環境 全集／
黛恩著.—第 2 版.—：新北市,普天出版
2023.03 面；公分. -（生活良品；65）
ＩＳＢＮ◎978-986-389-857-3 (平裝)

生活良品
65

普天之下・盡是好書

普天出版家族
Popular Press Family

凌雲文創
A-Plus Creative Company